跨国并购后的整合
成功组织的案例

Post M&A Integration Organizing for Success

［加拿大］包铭心（Paul W. Beamish） 杨小华（Xiaohua Yang） 阎海峰
［加拿大］瓦妮莎·C.哈斯（Vanessa C. Hasse） 王亮（Liang Wang）◎主编

北京大学出版社
PEKING UNIVERSITY PRESS

图书在版编目(CIP)数据

跨国并购后的整合：成功组织的案例 /(加)包铭心等主编. —北京：北京大学出版社,2023.7

ISBN 978-7-301-34136-0

Ⅰ.①跨… Ⅱ.①包… Ⅲ.①企业兼并—跨国兼并—研究—中国 Ⅳ.①F279.247

中国国家版本馆 CIP 数据核字(2023)第 110567 号

书　　　名	跨国并购后的整合：成功组织的案例 KUAGUO BINGGOU HOU DE ZHENGHE：CHENGGONG ZUZHI DE ANLI
著作责任者	〔加拿大〕包铭心(Paul W. Beamish)　杨小华(Xiaohua Yang) 阎海峰　〔加拿大〕瓦妮莎·C. 哈斯(Vanessa C. Hasse) 王亮(Liang Wang)　主编
责 任 编 辑	刘冬寒　闫格格
标 准 书 号	ISBN 978-7-301-34136-0
出 版 发 行	北京大学出版社
地　　　址	北京市海淀区成府路 205 号　100871
网　　　址	http://www.pup.cn
微信公众号	北京大学经管书苑（pupembook）
电 子 信 箱	em@pup.cn
电　　　话	邮购部 010-62752015　发行部 010-62750672 编辑部 010-62752926
印　刷　者	三河市北燕印装有限公司
经　销　者	新华书店 720 毫米×1020 毫米　16 开本　14.5 印张　203 千字 2023 年 7 月第 1 版　2023 年 7 月第 1 次印刷
定　　　价	52.00 元

未经许可，不得以任何方式复制或抄袭本书之部分或全部内容。

版权所有，侵权必究

举报电话：010-62752024　电子信箱：fd@pup.pku.edu.cn

图书如有印装质量问题，请与出版部联系，电话：010-62756370

主编简介

包铭心(Paul W. Beamish),国际商务研究领域世界著名学者,加拿大韦仕敦大学毅伟商学院教授。独立或与他人合作撰写专著60部、发表期刊论文141篇,曾连续多次被评选为对国际战略管理学及国际商务学做出突出贡献的三位顶级学者之一。谷歌学术论文被引量已超过37 000次。1993—1997年曾担任《国际商务研究》(*Journal of International Business Studies*)主编。现任加拿大皇家学会院士及加拿大亚太基金会院士,并曾任国际商务学会院士学院院长。2018年荣获第40届加中贸易理事会(Canada-China Business Council)卓越成就奖。包铭心教授撰写过148个案例,曾22次获得最佳案例编写奖,有80多个案例曾被翻译为非英语语种。2012年,他被美国管理学会授予国际管理杰出教育家奖。作为毅伟商学院亚洲管理研究院的主任,他通过教育培训推进了案例方法在中国的发展。包铭心教授曾担任韦仕敦大学毅伟出版社执行主编,现为编辑主任。1999—2004年,他还担任毅伟商学院分管学术研究的副院长,现为毅伟国际商业研究院主任。

杨小华(Xiaohua Yang),美国旧金山大学商学院国际工商管理终身教授,旧金山大学亚太创新与管理研究中心主任。专注于研究中国企业国际化、企业持续发展战略、国际研发战略联盟和国外市场进入战略,并在国际刊物上发表过大量文章。曾获得多项荣誉,包括最佳论文奖、杰出研究贡献奖、杰出服务贡献奖和中国国家自然科学基金奖等。她还担任过《亚洲商务研究》(*Journal of Asia Business Studies*)的副主编,以及以下期刊的特约主编:《亚太管理期刊》,《商业伦理季刊》(*Business Ethics Quarterly*),《雷鸟国际商务评论》(*Thunderbird International Business Review*),《跨国企业评论》(*Multinational Business Review*)。此外,她也撰写了一系列国际工商管理方面的案例。杨小华教授曾在多个机构的董事会中任职,为多个国家的公司和政府提供咨询,也经常为中国公司制订培训计划,并亲自授课。杨小华教授现任里昂商学院工商管理专业博士的指导教授,也曾任职于上海社会科学院经济伦理研究中心、湖南师范大学公共管理学院、四川大学商学院。

阎海峰，华东理工大学副校长，商学院教授、博士生导师，美国印第安纳大学凯利商学院、澳大利亚墨尔本大学商学院、悉尼大学商学院访问学者，美国管理学会会员、国际商务学会会员、中国管理研究国际学会（International Association for Chinese Management Research, IACMR）创始会员。目前，他还兼任临港—华东理工大学自贸区创新研究院院长，此前曾担任华东理工大学商学院院长。他的主要研究兴趣集中在中国企业国际化、组织学习与知识转移方面。他曾在《组织管理研究》（Management and Organization Review），《亚太管理期刊》（Asia-Pacific Journal of Management），《知识管理期刊》（Journal of Knowledge Management），以及《管理世界》《科研管理》《南开管理评论》等多种国内外高水平期刊上发表研究成果。在教学和研究之余，阎海峰教授也致力于促进国际商务领域的经典文献在中国的传播，他曾与多个合作者在北京大学出版社出版《〈国际商务研究〉优秀论文集萃：国际化情境下的组织管理研究》，翻译出版《自下而上的变革：中国的市场化转型》《全球企业战略（第3版）》。此外，他与陈万思教授、陈正一博士撰写的案例曾入选"全国百篇优秀管理案例"。

瓦妮莎·C.哈斯（Vanessa C. Hasse），加拿大韦仕敦大学毅伟商学院国际商务系助理教授。在加入毅伟商学院之前，她曾在美国旧金山大学担任助理教授，并参与了中国企业管理研究所的研究项目。曾在《美国管理学会学报》（Academy of Management Journal）等刊物上发表文章，还针对中国、德国、美国、瑞士撰写了国际战略管理领域的一些案例。曾获得美国管理学会和国际商务学会的研究奖和提名奖，其中包括2017年东北大学D'Amore-McKim商学院的最佳论文奖。她主要在国际商务、国际合资企业和战略联盟、全球战略和国际谈判等学科领域教授本科和研究生课程。

王亮（Liang Wang），美国旧金山大学管理学院战略学副教授，旧金山大学亚太创新与管理研究中心副主任。从加拿大约克大学舒立克商学院获博士学位以来，王亮博士先后任教于加拿大麦克马斯特大学德格鲁特商学院及美国旧金山大学管理学院。他的研究兴趣集中在跨国并购、产业集群、区域创新、企业社会责任，以及新兴市场企业创新及全球化的相关问题。王亮博士曾在《美国管理学会学报》、《战略管理》（Strategic Management Journal）、《创业理论及实践》（Entrepreneurship Theory and Practice）以及《商业伦理》（Journal of Business Ethics）等国际顶级期刊上发表文章。

前言
PREFACE

在过去的三十多年中，我们见证了跨国并购（mergers and acquisitions，M&A）事件数量在全球的迅速增长，此处的并购包括兼并和收购两层含义。跨国并购的总交易价值从1988年的约1 780亿美元，增加到2018年的约1.56万亿美元，占全球并购交易总价值的三分之一以上（2018年全球并购交易总价值为4万多亿美元）。在这三十年间，中国企业的并购事件数量也在不断增长，并购成为中国企业广泛采用的全球扩张方式。多种因素促成了这一趋势，比如2008—2009年全球金融危机导致许多全球资产成为低成本且有吸引力的并购目标。全球的新闻头条都曾报道过中国企业的并购活动，例如，吉利收购沃尔沃、联想收购IBM业务部门。

研究表明，虽然并购事件数量显著增长，但是并购交易实现的价值在企业之间差异很大。据估计，70%—90%的并购都没有达到预期效果，其中一个重要原因就是并购后的整合经常出现问题。在交易完成阶段和接下来的运营阶段，企业会经历各种挑战。在中国企业与发达国家企业的并购交易中，整合规划和跨文化沟通的挑战尤为突出。其原因从缺乏国际经验，到并购方与被并购方之间的期望冲突，不一而足。

我们希望通过案例揭示跨国并购后整合工作的复杂性和种种细节，

因此策划出版了这两本案例集：第一本《跨国并购后的整合：有效规划的案例》聚焦并购交易的规划，第二本《跨国并购后的整合：成功组织的案例》侧重并购交易的组织。其中一些案例涉及中国企业与其他国家企业之间的并购交易，而另一些案例则涉及外国企业之间的并购交易。

本书可以独立用作案例教学中的教材，也可以与第一本结合使用（请参阅下面的"内容设计和结构"），以更全面地理解跨国并购中相关问题的处理。针对的课程包括企业全球战略、外国直接投资、跨国并购及高管培训项目中的相关课程。

本书面向负责并购交易或运营的管理人员，也适合那些想在未来职业生涯中参与并购交易的管理人员阅读。通过研究这些案例，我们希望从事跨国并购交易和运营的现任管理者和未来高管们，能够优化并购后整合的效果，并最大程度地实现价值转移。

内容设计和结构

唐纳德·M. 德帕姆菲利斯（Donald M. DePamphilis）在其权威著作《收购、兼并和重组》(*Mergers, Acquisitions, and other Restructuring Activities*) 中提出了并购整合框架，这是本案例集所搭建的并购过程理论模型的雏形。两本案例集包括19个毅伟商学院的案例和3篇《毅伟商业期刊》(*Ivey Business Journal*) 的文章，其中特别考虑了在海外投资的中国企业面临的共同挑战和问题。两本书的设计思路如下：

第一本：《跨国并购后的整合：有效规划的案例》
- 第一阶段：整合规划
- 第二阶段：制订沟通计划

第二本:《跨国并购后的整合:成功组织的案例》

- 第三阶段:创建新组织
- 第四阶段:人事重组
- 第五阶段:职能整合
- 第六阶段:构建新的企业文化

这些案例及文章按照阶段分布如表0.1所示。

表 0.1 案例及文章分布

区域	整合规划	制订沟通计划	创建新组织	人事重组	职能整合	构建新的企业文化
中国市场	华意压缩机 上工集团 吉利和沃尔沃 北汽与萨博	中海油	雀巢 美的	马恒达农业机械公司	三一重工	联想
其他新兴市场	安赛乐米塔尔(1)	艾尔建 安赛乐米塔尔(2)	加拿大帝国商业银行与巴克莱银行(1)		塔塔汽车 加拿大帝国商业银行与巴克莱银行(2) 加拿大帝国商业银行与巴克莱银行(3)	
发达市场		沃特斯皇家啤酒			雷诺—日产联盟	
《毅伟商业期刊》文章	跨业务协作在并购中的作用 论企业并购与估值		建立尼龙搭扣式组织			

第三阶段到第六阶段是本书的重点。

第三阶段创建新组织侧重于并购交易完成后创建一个新组织的挑战，由四个案例组成。雀巢的案例讨论了雀巢收购太太乐80%的股份后，在整合本地和全球运营中面临的控制权困境。美的的案例记录了美的和库卡如何独立运作以保持客户的信任，同时又进行充分整合以提高效率。加拿大帝国商业银行与巴克莱银行（1）的案例讨论了加拿大帝国商业银行和巴克莱银行如何将其在加勒比地区的业务合并以创建新组织——第一加勒比国际银行。我们用一篇《毅伟商业期刊》中的文章对这些案例进行了补充，该文提出了一个框架，用于整合后建立新组织，作者使用"尼龙搭扣"来比喻要构建的有凝聚力且易于重组的结构。

第四阶段人事重组侧重于制定和实施并购后整合的人员配备计划。这一过程以马恒达农业机械公司的案例进行了说明，并强调了马恒达农业机械公司如何与他们熟悉的管理团队合作，并重组收购资产。

第五阶段职能整合聚焦在各种运营功能整合中的挑战。本阶段由五个案例组成。三一重工的案例记录了三一重工如何在市场准入、品牌影响力和效率方面实现协同。塔塔汽车的案例详细描述了为整合两家公司而实施的战略、组织结构和运营变更方式。加拿大帝国商业银行和巴克莱银行（2）和（3）的案例详细说明了新组织第一加勒比国际银行如何选择标准的信息系统，并实现了加拿大帝国商业银行和巴克莱银行不同部门之间的薪酬和福利协调。雷诺—日产联盟的案例则详细说明了两家合并后的公司，如何加强协作和整合以提高规模经济、降低运营成本。

第六阶段构建新的企业文化主要针对并购交易后组织文化整合的挑战。不能实现组织文化整合是中国海外收购失败的最常见原因之一。本书通过案例记录了联想如何通过几个阶段的文化融合，成功地整合了IBM的PC部门，以及为收购x86服务器如何尝试重启文化整合策略。

前言

学习目标

本书编者精心挑选出了书中的案例，以期实现一些关键的学习目标。第一个学习目标是了解并购交易过程的每一个阶段，以及如何实现价值转移。这一视角不仅对那些专注部门职能的人很有价值，对于那些担任领导角色、时刻需要考虑并购全局的人来说也十分重要。

第二个学习目标是基于丰富的真实案例，更真实、更全面地了解并购交易过程。关键的并购概念和框架可以被应用于现实情境，以丰富学习体验。

除了强调现实世界中并购情境复杂性的学习目标，本案例集还结合了各种不同的观点，使读者可以更深入地了解并购交易过程中出现的机遇和挑战，伴之以考虑采取适当的管理举措和策略。

同时，本案例集中的并购交易不以金融为中心。事实上，并购交易未能达到预期甚至失败的一个原因是，当事人没有充分重视并购交易规划和实施的"软性"方面（如沟通计划和企业文化）。因此，本案例集重点突出这些重要的方面，以便读者能够使用多种工具，来促进最大的价值转移。

由于2020年以来新冠肺炎疫情在全球范围内蔓延，全球产业链经历了前所未有的冲击，未来10—20年内，全球化形式可能会出现各种不同的变异（如半全球化）。尽管如此，在许多行业，全球化仍是未来的趋势。在这种情况下，跨国（境）并购交易将继续成为快速进入全球市场、获取技术和提升品牌知名度的热门途径。了解并购后的整合过程是并购交易中价值转移和价值创造的关键。借鉴并购后整合成功或失败的案例，企业可以节省大量人力、物力和财力。因此，这两本案例集是任何想成为并购交易游戏中成功玩家的必读书目。

致　谢

与其他重大项目一样，如果没有众人的帮助和机构的支持，这本书的出版是不可能实现的。本书编者感谢毅伟商学院允许我们编辑案例与中文版文章。我们也感谢北京大学出版社对我们的团队和项目的信心与投入，以及策划编辑徐冰女士在整个过程中给予我们的所有帮助。

本书源于 2017 年 5 月 24 日由华东理工大学和旧金山大学联合主办的"跨国并购：新兴市场跨国公司的崛起"国际研讨会。在这次会议上，包铭心教授做了主旨演讲。我们要感谢组委会的工作人员，特别是吴冰博士，他在会务组织方面付出了巨大的努力；感谢各位参与者以他们的观点和研究洞见给了我们编写此书的灵感。我们要感谢上述两个大学提供的大力支持，特别是华东理工大学的国际商务研究团队、旧金山大学的亚太创新与管理研究中心和毅伟国际商业研究院。我们还特别感谢中欧国际工商学院陈世敏教授授权我们使用中海油案例中文版，及中国管理案例共享中心授权我们使用联想案例中文版。

我们要感谢许多对本书做出贡献的人，尤其要感谢本案例集中的案例和文章的作者。我们还要感谢所有翻译或修改案例和文章的人，以及协助我们编辑书稿的人。阎海峰感谢国家自然科学基金委的资助（项目批准号：71972072）。以下是我们希望感谢的人员名单：

作　者

Adoracion Alvaro-Moya　　　　　　Louis Beaubien
Paul W. Beamish　　　　　　　　　Joseph L. Bower

Danielle Cadieux
Archibald A. A. Campbell
R. Chandrasekhar
Daniel Han MingChng
Ines SansoCodina
David Conklin
Edward Corbin
Miao Cui
Jiawei Dong
Libo Fan
Steve Foerster
Dominique Fortier
Suzanne Francis
Huifang Geng
Alexandra Han
Meera Harish
Wiboon Kittilaksanawong
Yuanxu Li
Xiaobing Liu
Yuekun Liu
Chunguang Ma
Sonia Mahon
Klaus E. Meyer
Caroline Palecki
Simon C. Parker
Betty Jane Punnett
Aijing Ran
Noel Reynolds
Jean-Louis Schaan
Caren Scheepers
Lei Shao (James)

Oded Shenkar
Kulwant Singh
Sanjay Singh
Deepa Sita
Jonathan Stearn
Yang Wang
Guang Yu
Qian Zhang
Yingying Zhang
Yingchao Zhou
Jianhua Zhu

华东理工大学商学院

杨昕悦
王启虎
钱嘉怡
金伟杰
王墨林
吴琼
陈正一
秦一琼

旧金山大学亚太创新与管理研究中心

谢在阳
马子程
Becky Tian
Earl Xu
Anqi Zhou

目录
CONTENTS

第 1 章　雀巢和太太乐：在华外商投资企业　/ 1

第 2 章　美的收购德国机器人公司　/ 17

第 3 章　加拿大帝国商业银行与巴克莱银行合并的会计处理　/ 45

第 4 章　建立尼龙搭扣式组织：通过整合和保持组织整体效率创造价值
　　　　／ 63

第 5 章　马恒达农业机械公司：收购江铃拖拉机公司　/ 83

第 6 章　三一重工的跨国并购、整合和战略重构　/ 109

第 7 章　塔塔汽车公司整合韩国大宇商用汽车公司　/ 133

第 8 章　第一加勒比国际银行的信息系统：选择一个标准的运营环境
　　　　／ 147

第 9 章　第一加勒比国际银行统一协调薪酬和福利　/ 161

第 10 章　雷诺—日产联盟：进一步的整合是否会带来更多协同效应？
　　　　／ 175

第 11 章　联想二度收购 IBM：文化整合能否复盘？　/ 201

第1章

雀巢和太太乐：在华外商投资企业

本案例由范黎波、周英超和 Oded Shenkar 撰写。本案例仅作为课堂讨论材料，作者无意暗示某种管理行为是否有效。作者对真实姓名等信息进行了必要的掩饰性处理。

未经 Richard Ivey School of Business Foundation 书面授权，禁止任何形式的复制、收藏或转载。本内容不属于任何版权组织授权范围。如需订购、复制或引用有关资料，请联系 Ivey Publishing, Richard Ivey School of Business Foundation, The University of Western Ontario, London, Ontario, Canada, N6A3K7; Phone: (519) 661-3208; Fax: (519) 661-3882; E-mail: cases@ivey.uwo.ca。

Copyright © 2016, Richard Ivey School of Business Foundation

版本：2016-01-07

第 1 章　雀巢和太太乐：在华外商投资企业

2013 年 10 月，雀巢（Nestlé）董事长彼得·布拉贝克-莱马特（Peter Brabeck-Letmathe）邀请太太乐总经理兼股东荣耀中及其夫人访问欧洲。他们在埃菲尔铁塔的塔顶享用晚餐，在塞纳河中的布拉贝克-莱马特私人游艇上顺流而下，陶醉在巴黎美丽的夜色中。自 1999 年 4 月雀巢和太太乐签订正式合作协议，它们合作已有 14 年。布拉贝克-莱马特向荣耀中透露，他与太太乐的合作是他职业生涯中最成功的投资项目之一。荣耀中在他的微博中写道："塞纳河上，回眸埃菲倩影迷人。回想十四年（与雀巢的）合作经历，有挑战，有磨难，但总算圆满。可谓'吃尽苦中苦，方赢一片情'。"在荣耀中 65 岁时，他准备退休，去享受他的劳动果实。对于荣耀中而言，还有一个问题：他是否应该出售剩余 20% 的股份？如果出售，他应该如何以及何时出售？

鸡精行业

1907 年，日本人发明了味精。18 年后，它被引入中国。20 世纪 60 年代中期，随着中国在生物技术方面取得重大进展，味精生产成本降低了一半，市场价格下降，消费者需求增加，产量大幅增长。1983 年，中国的味精年产量为 6.1 万吨，但到 1991 年，年产量已超过 27 万吨，生产味精的公司增加到 200 家，销量每年的增长率高达 20.52%。到 1993 年，中国味精年产量达到 39 万吨，成为世界上最大的味精生产国。

味精产业的发展伴随着大量的技术创新。20 世纪 60 年代，日本推出了第二代、第三代风味调味品。1984年，融合了海鲜味和味精的第三代调味品传入中国后，太太乐创始人荣耀中又推出了更适合中国人口味的新一代鸡肉味精。1987年，豪吉创始人严俊波推出了豪吉鸡精。他意识到中国人对"鸡精"一词不熟悉，于是将自己的产品更名为"豪吉鲜鸡味精"，希望更好地与味精产品产生关联。太太乐和豪吉是中国最早、经营最好的鸡精供应商。

1994年，贝斯特（Best Foods）的子公司家乐（Knorr）进入中国，将家乐鸡精定位为一种健康食品。同年，雀巢美极（Maggi）品牌的调味品开始在东莞生产，以本地生产替代进口。当时，美极主要生产酱油，同时也向中上阶层消费者供应美极鸡精。这两家外国公司进入中国市场，极大地提升了行业的整体技术含量和产品质量。在这一时期，金宫、大桥、佳隆等中国本土品牌也开始涌现。

1999年，雀巢收购了上海太太乐80%的股权。到2001年年底，雀巢和豪吉成立了四川豪吉公司，雀巢持有其60%的股份。豪吉的资产也被转移到这家合资企业。雀巢在短短两三年时间内完成了对鸡精企业的两次收购，以迎接新世纪的到来。加上美极品牌及其他收购项目，雀巢控制了中国鸡精市场近80%的份额。

2000年，联合利华——雀巢在全球范围内的一个主要竞争对手——收购了贝斯特，从而控制了家乐的业务。美国的斯旺森（Swanson）、韩国的CJ集团（CJ Group）等外国品牌也加入了这场"战争"，把中国鸡精产业变成了名副其实的"战场"（见表1.1和图1.1）。

表1.1 不同鸡精品牌在中国市场份额排名

排名	2001			2004			2008			2012		
	品牌	份额（%）	备注	品牌	份额（%）	备注	品牌	份额（%）	备注	品牌	份额（%）	备注
1	太太乐	40	F	太太乐	43	F	太太乐	45	F	太太乐	45	F
2	豪吉	36	F	家乐	25	F	家乐	25	F	家乐	25	F

（续表）

排名	2001 品牌	份额(%)	备注	2004 品牌	份额(%)	备注	2008 品牌	份额(%)	备注	2012 品牌	份额(%)	备注
3	家乐	11	F	豪吉	10	F	佳隆	7	D	莎麦	10	D
4	美极	3	F	Jumbo	6	F	豪吉	4	F	佳隆	5	D
5	大喜大	2.5	F	味好美	6	F	大桥	4	F	豪吉	4	F
6	Jumbo	2	F	美极	5	F	金宫	4	D	大桥	3.5	F
7	大桥	1.5	F	其他	5	—	其他	11	—	百味佳	3.5	D

注：F 表示"该公司有外国股东"；D 表示"该公司没有外国股东"。

资料来源：China Association of Spices Beijing, "The Chinese Chicken Bouillon and Chicken Pouder Industry Research Report", http：//wenku.baidu.com/view/e659611652d380eb62946d32.html? re=view, accessed November 13, 2015。

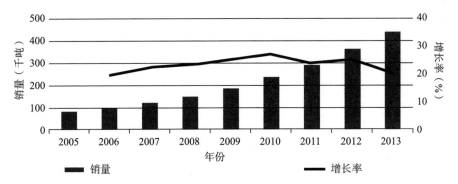

图 1.1　鸡精在中国的销量及增长率

资料来源：China Association of Spices Beijing, "The Chinese Chicken Bouillon and Chicken Pouder Industry Research Report", http：//wenku.baidu.com/view/e659611652d380eb62946d32.html? re=view, accessed November 13, 2015。

雀巢大中华区

雀巢由亨利·雀巢于1867年创立，总部位于瑞士沃威，现已发展成为世界上最大的食品公司，拥有500多家工厂。该公司一开始以婴儿食品为主要产品，但现在以巧克力和咖啡等产品线闻名于世。

1874年，雀巢在香港开始贸易活动，并在香港注册了第一个商标；1908年在上海设立销售办事处；1920年在香港成立雀巢产品有限公司。雀巢大中华区有限公司（Nestlé GCR，以下简称"雀巢大中华区"）成立于1996年，是雀巢在北京的子公司，也是中国海峡两岸和香港、澳门的区域总部，为雀巢在中国投资的公司（包括与当地企业合资设立的多家公司）提供管理支持和服务。截至2013年，雀巢大中华区拥有33家工厂、4家研发中心和3家Nespresso精品店。包括合资企业和全球管理运营部门（如雀巢专业餐饮、Nespresso咖啡机和雀巢矿泉水）在内，该公司共有5万名员工。

1990年，雀巢在黑龙江双城建立了第一家生产乳制品的工厂。雀巢通过设立合资企业进一步渗透中国市场。1990—2005年，雀巢聘请外籍员工担任总经理一职，但后来将高层管理团队本土化。建造工厂、广告营销、员工培训事宜都是由雀巢的合资伙伴计划和实施的。雀巢提供了产品生产和运营管理方面的技术援助。原材料、添加剂、装瓶、包装、设备均在当地采购，运输也在当地完成。在1997—2012年，雀巢在大中华区收购了9家公司（见表1.2）。前CEO保罗·薄凯（Paul Bulcke）宣布："我们的市场目标之一是保持雀巢在所有地区的领先地位和强大影响力，如果在某一领域不能领先，我们将进行企业收购。"

表1.2 雀巢在大中华区的收购活动

年份	收购标的	主要业务	报价（亿美元）	收购股票份额（%）
1997	上海福乐食品有限公司	冰淇淋	—	—
1999	上海太太乐食品有限公司	鸡精	0.483	80

（续表）

年份	收购标的	主要业务	报价（亿美元）	收购股票份额（%）
1999	西安佳香调味品食品有限公司	鸡精	—	80
1999	广州冷冻食品有限公司	冰淇淋	—	97
2001	四川豪吉食品有限公司	鸡精	—	60
2010	云南大山饮品有限公司	瓶装水	0.105	70
2011	厦门银鹭食品有限公司	蛋白饮料	22.700	60
2011	徐福记	糖	17.000	60
2012	辉瑞营养品部	营养品	118.500	—

资料来源：Nestlé Greater China Region（GCR）。

到 1994 年雀巢决定在东莞开设工厂时，进口的美极调味品在中国销售好几年了，该产品受到高端市场的欢迎。[1] 位于东莞的工厂是雀巢在中国建立的第三家工厂。此前的 1990 年，雀巢在双城市建立了一家乳品厂，还在东莞建立了一家咖啡厂。新的东莞厂开始生产美极调味品、鸡精和各种速溶汤料。与醋、酱、辣椒等其他调味品不同，鸡精的利润率更高。雀巢大中华区食品事业部副总监弗兰克·李（Frank Li）表示："中国传统调味品（如酱、醋、辣椒等）仍处于商品交易的初级阶段，这意味着大规模生产的可能性较小。当然，它们的低利润也很难吸引雀巢。"

对于一家外国公司来说，在中国开展食品业务不是一件容易的事。相比美极，中国消费者更喜欢太太乐和豪吉。[2] 在最初的五年里，一方面，雀巢的美极鸡精一直在亏损，并力图争取在中国南方市场能有一席之地；另一方面，美极调味品受到市场的欢迎，但由于生产周期长，年产量被限制在 1 万吨，利润有限。与此同时，另一个外国品牌（家乐）经营状况更好，占据了 30% 的市场份额，仅次于占据 42% 市场份额的太太乐。建立自己的品牌似乎没有雀巢预期的那么顺利,这导致该公司准备随时开展收购。

20 世纪 80—90 年代的太太乐

1984 年,时值 35 岁的荣耀中辞去了一家国有制药厂技术副厂长的工作,开始自己做鸡精。彼时的中国开始了一场重大变革,这为民营企业提供了机会,但也产生了相当大的不确定性。当荣耀中成为中国食品工业协会专家组成员时,他的机会来了。他发起了一个复合调味品的项目,并进行了鸡精研究。从工业的角度来看,中国的主要调味品是味精,这是生产鸡精的一种原料。而鸡精作为一种革命性的产品,经历了漫长的市场培育、认可和接受过程。1987 年,位于四川的豪吉第一次引入了鸡精的概念。

1990 年,荣耀中赴日本进行学习交流。在参观其中一家生产味精的工厂时,他第一次意识到严格的卫生标准、先进的工艺流程、良好的原料和库存管理的重要性。所有这些所见所闻都激起了他建立自己工厂的雄心,"太太乐花园工厂"随即创办。1990 年,太太乐决定扩大生产规模,当时公司年产量为 3 000 吨,营业收入为 300 万元。荣耀中解释说:"当时,味之素在中国的年产量为 56 万吨,鸡精约占其中的 10%,即 5.6 万吨。从这些数字来看,太太乐扩大生产规模的风险相对较低。"

1991 年,太太乐进入了快速成长和发展阶段,并收购了位于常州和启东的两家调味品工厂。太太乐还将业务扩展到房地产领域,在苏州的投资额超过 600 万元人民币。1994 年下半年,由于经济下滑,中国开始采取财政紧缩政策。荣耀中对经济形势做出了错误的判断,他于 1995 年新建了一家年产量5.6吨的鸡精工厂。财政紧缩政策一直持续到1998年亚洲金融危机,许多民营企业由于财政困难而在生存线上挣扎。金融危机也严重影响了太太乐的投资效益,公司因债务缠身而处于破产的边缘。荣耀中说:"以前,中国企业家非常缺乏经验,他们经常犯的错误就是在大规模扩张的过程中盲目投资和过度使用资源。企业应该基于更加专业的立场,注重市场调研和细分。"

和其他银行一样,那时中国的银行只提供短期贷款,太太乐别无选择,只能接受这些贷款,并利用它们完成固定资产的长期投资。在上海,一座新工厂的建设被推迟,工地被空置。在资金的压力下,太太乐开始与香港百富勤(Peregrine)投资控股公司就投资事宜进行谈判,并力图上市。然而,不幸的是百富勤在亚洲金融危机中破产,太太乐也失去了对相关权益的追索权。

并购交易

1998年,雀巢提出帮助太太乐走出危机。经过8个月的谈判,双方达成"8∶2"的股权分割协议,上海太太乐食品有限公司由此建立。当时,太太乐占有的20%股份是根据其4 000万元的净资产(包括土地使用权、品牌和其他无形资产)计算出来的。该公司的市场价值为5亿元,雀巢支付给太太乐大约4亿元。雀巢对太太乐做出了三个承诺:①帮助太太乐在鸡精行业取得成功;②充分尊重太太乐的技术、品牌和管理;③公司管理完全由太太乐控制。当时,雀巢在中国已经有十二三个合作伙伴,而且都已从合作转为与雀巢旗下公司合资。太太乐是唯一被雀巢完全控制运营的公司。荣耀中解释说:"最初促使我们与雀巢合作的是我们对资金的需求。

雀巢就像金蛋一样，将贫穷的太太乐变成了一个极具影响力的品牌。从这次合作开始，食品和饮料行业的人经常说，那些被雀巢选中合作的公司就像获得了诺贝尔奖一样。"的确，太太乐接受了雀巢的报价，而没有接受贝斯特更高的报价。

1999年，荣耀中前往雀巢瑞士总部签署了合资协议。在那里，他阅读了雀巢的报告，报告中详细分析了中国的鸡精市场和太太乐的市场地位，以及未来的趋势。他意识到雀巢已经研究太太乐5年了，并已做好充分准备抓住和利用这个收购机会。

收购后，太太乐的财务问题得到了解决，外资的注入使其可以享受到与外国投资者相同的优惠政策。效果是立竿见影的，太太乐获得了建造一个新工厂的资金，这个工厂的鸡精年产量为5.6万吨。

整 合

交易完成后，雀巢为太太乐的管理和生产提供技术支持，包括质量控制、系统和成本管理方面。根据雀巢的一手研究结果，太太乐质量管理部门在整个供应链建立了一个全面的质量管理体系，包括但不限于供应商质量保证，仓储和运输管理，危害分析关键控制点（HACCP），良好生产规范（GMP），产品检验和检查，以及消费者反馈。20世纪80年代初，荣耀中对转型的关注与其曾在一家制药厂担任技术副厂长的经历有关。雀巢大中华区质量部门高级经理黄俊来是为太太乐提供技术支持的专家之一。他指出："雀巢和太太乐在质量管理上有不同的优势。雀巢更严格，太太乐更灵活。后者能够以快速的响应解决问题，这可能是因为太太乐是一家民营企业。"

与许多战略联盟一样,雀巢和太太乐之间也有分歧。荣耀中在20世纪80年代建立了东锦食品集团(以下简称"东锦")³,并控制了太太乐的国内和国际销售渠道。早在1993年,太太乐鸡精就由东锦在北美的子公司销售。尽管东锦是小股东,但它对太太乐的控制权不亚于大股东雀巢。在太太乐的销售渠道中,有3 000多名销售人员在东锦工作。推广初期并不容易,东锦率先出手,帮助太太乐建立了销售渠道。到2014年,太太乐的2 400名销售人员中有三分之一是东锦的前员工。此外,东锦的子公司东索贸易有限公司于2001年成立,向包括太太乐在内的几家主要鸡精生产商供应味精这一重要原料。荣耀中说:"实际上,太太乐不是依靠它与雀巢的合资企业而出名,而是依靠它自己的品牌推广。"

由于销售渠道由东锦控制,所以雀巢其他品牌的同类产品销量非常低,尤其是美极。关键的问题是,如果太太乐在其包装上使用雀巢的标志,就必须向雀巢瑞士总部支付专利费,而使用太太乐自身的标志时,不需要任何费用。同样,如果太太乐使用了雀巢开发的产品成分,便需要向雀巢支付技术或专利使用费。荣耀中拥有相对独立的研发体系,虽然雀巢在北京的实验室可以与太太乐共享,但是太太乐在2008年投资了700多万元建立了一个食品安全实验室,并在之后追加了投资。

雀巢大中华区CEO罗兰·狄可为(Roland Decorvet)认为:

许多在华外商投资企业在中国进行经营活动时,更多的不是改变,而是进行调整。但这家合资企业不同于雀巢,在中国必须进行彻底的改革。中国企业,尤其是创业型企业,注重市场的快速响应能力,而跨国企业更关注合规。如果把跨国企业的管理制度强加在中国企业身上,可能会失效。

荣耀中也分享了他的经历:

我从商三十年了,相当于外国企业的第四代员工。许多外国企业在管理中表现出形式主义、官僚主义等消极倾向。例如，日本品牌康科德（Concord）的第一代员工做得很好，但后来变得非常失败。

不可避免的，雀巢和太太乐在管理理念和企业文化上也经常出现分歧。在合资之前，太太乐运用了一种"魅力型权威"（charismatic authority）经营的"老板文化"（boss culture），即老板做所有的决定，这是中国企业的普遍做法。而合资企业成立后，正式程序和规章制度在决策中发挥了更重要的作用。例如，雀巢要求员工在做决定之前必须得到上级批准，而太太乐更灵活，渴望快速增长，会让"前线士兵"（frontline soldiers）自己做决定是否"当场射击"（shoot on sight）。太太乐认为雀巢过于机械化和死板，而雀巢则认为太太乐难以驾驭。当管理冲突升级时，两者之间迫切需要妥协。荣耀中回应道："我必须冷静下来，在重大问题上寻求共识，在小问题上保持分歧。一旦这些看法被付诸实践，许多微小的变化就会发生。"

2004年，荣耀中花988万元购买了一辆劳斯莱斯幻影，并将其停在了太太乐办公楼的大堂里。他表示，在销售、开发、生产或供应链环节中做出突出贡献的部门或个人将有权使用该车。荣耀中对中国文化中"面子"的重要性有着深刻的理解，他极力主张购车，但雀巢却被这笔支出"惊呆"了。接下来的一年，太太乐投资了2亿多元，建立了一套生产线，使客户能够直接体验太太乐的产品和服务，从而提升品牌知名度。这种做法在雀巢并不常见，雀巢反对这一举措，但荣耀中坚持了下来。

简而言之，雀巢对太太乐的控制有限。比如，雀巢曾派三名经理去太太乐——分别负责品牌管理、工程和质量。其中两人是雀巢内部派来的，一人是由于个人原因申请上海的职位而被调到太太乐的。由于雀巢和太太乐工作方式的不同，他们三人均在三四年后离开了太太乐，其中两人去了雀巢的其他业务部门，另外一人去了另一家公司。再比如，一般情况

第1章 雀巢和太太乐：在华外商投资企业

下，雀巢会为新收购的公司指派财务经理，而太太乐的财务仍然在荣耀中的控制之下。荣耀中聘请曾在政府财政部门任职的领导担任太太乐的财务经理，因为他认为，相较于外方人员，中国本土的财务经理更熟悉中国的各种财税政策。并且，荣耀中没有向雀巢大中华区报告此事，而且荣耀中与雀巢大中华区的CEO之间的沟通似乎很不正式。当出现分歧时，荣耀中有时直接向雀巢瑞士总部汇报。狄可为一直在学习如何与小股东（同时是公司创始人）沟通。他说："每个被收购公司都有自己的特点。太太乐具有老上海的贵族气质，尽管他们只是小股东，但他们仍然认为公司是他们自己的。"

弗兰克·李认为：

> 作为合资企业的股东和战略投资者，雀巢更注重发展的方向和速度，而不是管理控制。进行并购后，雀巢只有在以前的管理团队有能力和意愿坚持到底的情况下才会合作。当然，这并不等同于采用"放任政策"（laissez-faire），因为雀巢拥有完善的治理体系，它的激励和监督机制都发挥了有效的作用。

或许令人惊讶的是，雀巢确实曾试图夺回控制权。当雀巢在2002年表达了这样的意愿时，荣耀中给出了更高的增长承诺，而雀巢自己是无法实现这一增长目标的。与此同时，雀巢正在与另一个鸡精品牌（豪吉）谈判，希望通过不过度干预太太乐的做法，来打消豪吉管理团队的疑虑。这种情况每三年都会上演一次，荣耀中设定并实现高增长目标，以抵消雀巢加强控制的努力。在狄可为任职期间，他经常感受到来自雀巢总部的巨大压力。作为二者之间的缓冲器，他尽量避免雀巢总部与太太乐之间的冲突，以确保雀巢大中华区能稳定发展。

未来的发展

2012年，太太乐的年产销额达到10万吨，年销售收入达到32亿元（见图1.2）。据研究机构调查，太太乐的品牌价值达到120亿元，品牌亲和力和满意度在食品行业排名第一。2013年，太太乐的年产量达到12万吨，年销售收入达到37.5亿元。自1999年以来，该公司的年增长率几乎一直在10%以上，只有2011年例外，那年原材料价格的大幅上涨导致公司增长陷入停滞。如果只考虑转移支付所带来的现金，雀巢的初始投资回报率是原来的8倍（大约是2012年年底的水平）。

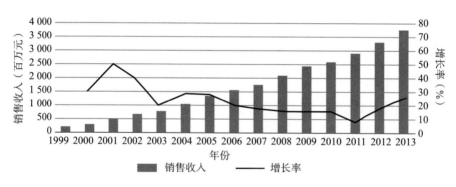

图1.2　1999—2013年太太乐销售收入及增长

资料来源：太太乐公司文件。

2012年，雀巢开始与荣耀中就收购该公司剩余20%股份进行谈判，但未达成一致结果。2013年年底，原惠氏中国区CEO张国华接替狄可为，成为雀巢大中华区新任CEO。荣耀中在2015年就考虑退休，但由于和雀巢仍在讨论收购事宜，最终决定作罢。与此同时，曾在雀巢工作二十多年的雀巢东莞咖啡厂前厂长方义敏被太太乐任命为技术总监，此举被认为是为未来的收购做准备。

注释

1. 瑞士品牌美极于1947年被雀巢收购,其下的美极调味品是中国最著名的调味品之一,"几滴大不一样"的口号在中国广为流传。
2. 豪吉是最早的鸡精品牌之一,主要在中国西南地区销售,尤其是在四川省。2001年豪吉被雀巢收购。
3. 1985年,香港东锦国际(控股)有限公司成立了上海东锦食品集团。2007年,上海东锦饮品有限公司与东创、东索、东铃等12家贸易、生产、物流企业宣布成立东锦食品集团(以下简称"东锦"),CEO为荣耀中。东锦是日本鸡精主要原料之一味精的供应商。在鸡精的原材料中,除鸡肉外,市场上只能购买到味精(盐和米由政府控制)。东锦在太太乐生产过程中发挥了重要作用。为了防止太太乐的原材料成本随市场价格而波动,东锦会在味精价格下降时增加库存,供以后使用。

第2章

美的收购德国机器人公司

本案例由 Wiboon Kittilaksanawong 和 Ines Sanso Codina 撰写。本案例仅作为课堂讨论材料，作者无意暗示某种管理行为是否有效。作者对真实姓名等信息进行了必要的掩饰性处理。

未经 Richard Ivey School of Business Foundation 书面授权，禁止任何形式的复制、收藏或转载。本内容不属于任何版权组织授权范围。如需订购、复制或引用有关资料，请联系 Ivey Publishing，Richard Ivey School of Business Foundation, The University of Western Ontario, London, Ontario, Canada, N6A3K7; Phone：(519) 661-3208; Fax：(519) 661-3882; E-mail：cases@ivey.uwo.ca。

Copyright © 2019, Richard Ivey School of Business Foundation

版本：2019-07-19

本案例仅根据已发表资料写成。案例中的观点不代表美的集团及其员工的观点和立场。

第 2 章 美的收购德国机器人公司

库卡（KUKA）在机器人和自动化领域的全球领导地位和专业知识储备，加上美的在全球指数级的增长、成熟的产业基地和物流运营，以及对消费市场的熟悉，将使智能机器和智能工厂成为现实，从而开启机器人制造的新时代。[1]

——美的集团董事长兼总裁方洪波

2017 年 1 月，中国大型电器设备制造商美的集团用 45 亿欧元通过要约收购成为库卡控股股东。库卡是全球第四大工业机器人和工厂自动化解决方案提供商，总部位于德国。这是中国企业对德国企业规模最大的一次主动收购，此次收购在德国引发了争议，因为在中国保护本国企业免于被外国企业收购之际，德国却眼看着自己的关键技术落入外国人手中。[2] 为了减轻各方担忧，美的在与库卡签署的投资协议中承诺达成"收购后合作伙伴关系"（post-acquisition partnering），保证库卡在经营上的独立性，直至 2023 年。[3]

2017 年 12 月，被收购不到一年的库卡在欧洲和亚洲市场都遭遇了困难。在中国，为了成为行业领导者，库卡面临着降低成本的压力。同时，它还需要中国政府将其认证为本土品牌，因为只有这样才能接到政府部门的订单。在欧洲，价格战导致其主要部门的订单减少。由于难以找到足够的熟练工人来满足美国和亚洲的生产需求，库卡主要部门的产能不足。而作为一家中资企业，汽车行业中一些关键的德国客户对库卡失去了信任。库卡的德国员工还担心，以中国市场为导向的战略可能会使公司重心偏移，在中国创造更多的就业机会，而德国总部的就业则会受到影响。[4]

面对这些挑战，美的与被收购的库卡的合作能否实现双方的目标？美的应该如何管控库卡的自主经营权，以确保它能在维持客户信任、减轻政治担忧的同时，充分整合库卡的资源，以在新兴且竞争激烈的机器人行业中降低成本？2023年投资协议到期后，美的应如何管理库卡？

关于美的

美的是一个在中国家喻户晓的公司，总部位于广东顺德，在全球200多个国家（地区）生产并销售电器。美的在2016年跻身《财富》全球500强，是中国最大的采暖、通风和空调制造商。该公司由何享健先生在1968年创立，创立之初是一家瓶盖制造商。1980年，美的开始制造电风扇，进入家电行业，1985年进入空调行业。自那时起，美的便开始将业务扩展到其他各种家用电器。1993年，该公司旗下负责核心空调业务的"美的电器"在深圳证券交易所上市。2007年，美的首家海外生产基地在越南建成投产。2008年，美的与白俄罗斯微波炉生产商奥里藏特（Horizont）成立了一家合资企业，开始进军独联体市场。2010年，美的与美国空调制造商开利公司（Carrier Corporation）成立了几家合资企业，第一家设在埃及，其他几家分别设在巴西、阿根廷、智利和印度。[5]

2012年，何享健先生辞职，由广东美的电器有限公司总裁方洪波出任CEO，他也是首位非家族成员高管。[6] 2013年，美的在深圳证券交易所实现整体上市。由于2014年销售量下降，美的开始了一项重组计划，以提高资产使用效率。美的意识到，与低成本产品争夺更大市场份额不是长久之计，因此，该公司制定了一项全球战略，希望公司由家用电器制造商转型为系统产品和集成解决方案提供商。到2015年，该公司已拥有自动化制造设备，并计划 2015—2020 年在自动化技术上进一步投资 8 亿多美元。[7]

2016 年，在国内家用电器市场饱和的情况下，美的收购了东芝公司（Toshiba Corporation）的家电部门、意大利中央空调制造商 Clivet 和伊莱克斯 AB 公司（Electrolux AB）的真空吸尘器品牌尤里卡（Eureka），以加速其全球扩张的步伐。[8]同年，受收购热潮的影响，美的收购了库卡，企图实现工厂现代化，并进一步向机器人和智能家居领域扩张。美的已经在其工厂和物流中心使用了 100 台库卡的工业机器人，积极推进工厂自动化，其目标是到 2018 年，员工人数从 2014 年的 12 万人降至 8 万人。[9]美的国际业务副总裁顾安迪（Andy Gu）表示，"促使这笔交易的主要因素之一是劳动力成本不断上升，这意味着效率对于我们的业务增长和整个中国经济来说变得更加重要。"[10]

关于库卡

库卡原名奥格斯堡乙炔工厂，成立于 1898 年，初期主要为德国奥格斯堡（Augsburg）的住宅和街道提供照明。库卡在 1905 年发明了气体熔焊之后，建造了首个用于冰箱和洗衣机的自动焊接系统，之后又组建了第一条用于大众汽车的多点焊接生产线，还发明了摩擦、短周期和定角摩擦焊接。1973 年，库卡公司带着世界上第一台工业机器人 FAMULUS 进入了机器人行业，这是汽车行业的一个重大突破。但直到 1982 年收购了 LSW 机械制造有限公司（一家为汽车行业提供高端装配系统的制造商），库卡公司才成为机器人技术创新领域的引领者（详见表 2.1）。[11]

表 2.1　库卡机器人技术创新（1973—2016 年）

年份	创新
1973	六轴电磁机器人"FAMULUS"
1985	非平行四边形结构的单臂机器人
1996	基于个人电脑的实时机器人控制器
1998	远程重型机器人
1999	通过互联网进行机器人远程诊断
2000	可编程逻辑控制器（PLC）软件集成系统
2003	娱乐机器人
2004	协作机器人（Cobots）
2005	安全机器人
2006	轻型机器人
2007	泰坦机器人（重达 1 吨）
2010	可用于高负载的机器人控制器（Quantec KR C4）
2012	低负载但效率高、速度快的小型机器人（Agilus）
2016	速度最快的机器人之一（KR 3 Robot）

资料来源："KUKA Robot History," Robert Worx: A Scot Compang, accessed June 17, 2019, https://www.robots.com/articles/kuka-robot-history。

到 2000 年，经过密集的兼并和收购项目之后，库卡已成为高度多元化的公司，拥有自动化、制造、工艺和包装技术部门，在全球拥有 90 多个子公司。该公司在很多市场都有增长潜力，但由于其盈利能力及股价偏低，库卡便成了激进派投资者的理想目标。2003 年，一名激进派股东盖伊·威瑟-普拉特（Guy Wyser-Pratte）购买了该公司的全部股份。除了可盈利的自动化部门，他废除了其他所有业务，并将公司正式更名为

"库卡"。2009 年，另一位激进派股东格伦泽巴赫（Grenzebach）入股该公司，并任命蒂尔·罗伊特（Till Reuter）为临时 CEO。[12]

罗伊特和新的战略方向

罗伊特没有很多高管经验和工程经验。他之前曾在纽约、圣保罗和法兰克福担任律师，并曾在摩根士丹利（Morgan Stanley）、德意志银行（Deutsche Bank）和雷曼兄弟公司（Lehman Brothers）担任投资银行家。然而，格伦泽巴赫仍向监事会推荐了罗伊特，让他担任库卡的财务顾问。罗伊特在股东大会上非常活跃，他经常批评前任 CEO 的领导能力欠佳，并通过不同的方式来获得股东信任及筹集资金。

在成为库卡的临时 CEO 之后，罗伊特发布了盈利预警，他筹集了 2 800 万欧元的股本，并解雇了各部门的总经理。为了减轻公司对汽车行业的依赖，罗伊特开始涉足其他领域，增加了公司在美国和亚洲国家的业务，并开始为物联网（Internet of Things, IoT）做准备。他进行裁员并更换了管理团队，正如罗伊特所说，"在机器人技术领域，过去人们仅仅是在销售产品和零部件。但是，如果要转向解决方案，即提供物联网服务，你需要的是能够销售包括服务在内的整个解决方案的人。面对这样的情况，你能做什么呢？"[13]虽然罗伊特表现得盛气凌人，而且 2009 年库卡的净亏损额高达 7 600 万欧元，但他还是在 2010 年被任命为库卡公司的正式 CEO。[14]

在 2013 年和 2014 年，库卡进行了一系列收购，包括总部位于瑞士的瑞仕格（Swisslog），这使库卡能够更好地进入医疗保健和物流市场。[15]在收购瑞仕格之后，格伦泽巴赫和威瑟-普拉特抛掉了他们在库卡的大部分股份。[16] 随后,德国家族工程企业福伊特公司(Voith GmbH)成为库卡的大股东。新的股权结构降低了股票过剩风险,库卡的股价开始上涨。[17]

业务部门

库卡公司由三个部门组成,按销售收入降序排列,分别为库卡系统(KUKA Systems)、库卡机器人(KUKA Robotics)和瑞仕格,这三个部门的子公司遍布50多个国家和地区。在有力的研发投入(Research and Development,R&D)推动下,库卡在各行业的激烈竞争中保持着领先地位。[18] 2015—2017年库卡的主要财务数据如表2.2所示。

表 2.2　2015—2017 年库卡的主要财务数据

(单位:百万欧元)

财务状况	2015	2016	变化幅度(%)	2017	变化幅度(%)
销售收入					
库卡系统	1 471.7	1 395.5	(5.2)	1 579.2	13.2
库卡机器人	909.6	993.5	9.2	1 200.6	20.8
瑞仕格	620.8	593.5	(4.4)	763.7	28.7
订单收入					
库卡系统	1 428.1	1 644.6	15.2	1 530.2	(7.0)
库卡机器人	891.2	1 088.8	22.2	1 223.3	12.4
瑞仕格	551.8	742.6	34.6	926.2	24.7
息税前利润	135.6	127.2	(6.2)	102.7	(19.3)
利润	86.3	86.2	(0.1)	88.2	2.3

(续表)

财务状况	2015	2016	变化幅度（%）	2017	变化幅度（%）
积压订单	1 639.0	2 048.9	25.0	2 157.9	5.3
员工人数（人）	12 300	13 188	7.2	14 256	8.1

注：截至2017年1月1日，1欧元=1.04美元；括号表示负数，下同。

资料来源：KUKA, Annual Report 2017: Beyond Automation, accessed November 13, 2018, www.kuka.com/en-de/investor-relations/reports-and-presentations。

库卡系统为汽车生产提供单独的组件、工具和自动化系统。它是北美市场的领导者，并在欧洲和中国也设有生产基地。库卡机器人制造和分销自动化核心部件，用于工业机器人和协作机器人的生产，并服务于汽车行业，以及包括电子、消费品、金属、医疗保健和物流在内的一般行业。瑞仕格为50多个国家和地区提供电子商务、物流和医疗自动化解决方案。[19]

企业战略

库卡追求产品和区域市场的多样化。在产品方面，虽然库卡是汽车行业的市场领导者，但该公司已将发展重心放在其他行业，如航空航天、电子、消费品、医疗保健和电子商务领域。与汽车行业相比，这些行业的自动化程度仍然相对较低，但这些行业拥有更高的营收增长潜力。从地理上看，该公司希望将其业务扩展到新的市场和地区。亚洲，尤其是中国，是库卡最重要的目标市场之一。2016年，库卡在中国创造了4.5亿欧元的销售收入，它的目标是到2020年，销售收入达到10亿欧元。[20]该公司是全球最大的用于汽车制造的机器人生产商，拥有14%的市场份额，并且有长期占据榜首位置的野心。[21]

除了多元化之外，库卡还致力于与"工业4.0"相结合，通过连接真实和虚拟的生产世界,确保人与机器人之间的安全协作,为客户提供更好的支持。具体来说,就是通过云网络系统,提供全面的自动化解决方案和数字化专有技术。[22]

美的收购库卡

2015年8月,美的收购了库卡5.4%的股权,并于2016年2月通过其子公司——麦科国际有限公司(MECCA International Limited)进一步增持股份至10.2%。[23]仅仅在4个月后,即2016年6月,美的以45亿欧元出价收购库卡,这意味着在出价收购前一天美的给了股东36%的溢价。[24]库卡最大股东之一福伊特公司已决定出售其持有的25.1%的库卡股份,从而为美的的收购铺平了道路。[25]

然而,美的需要通过库卡所在国家的反垄断和经济方面的审批。这项协议在德国,乃至整个欧洲都引起了极大的争议。德国眼看着自己的许多关键技术落入外国人手中,而与此同时,中国却在保护本国企业,使其免于被外国企业收购。一些德国政界人士担心,由于奥迪、宝马和美国飞机制造商波音都使用库卡制造的机器人,德国的汽车业可能会受到威胁。但现实情况是,由于没有足够的证据表明此次收购将威胁"德国的安全和公共秩序",德国无法根据其出口法律对计划中的股权出售展开正式调查。[26]

德国前总理安格拉·默克尔(Angela Merkel)表示,她不会阻止该项交易,也没有任何事情可以阻止该项交易。[27]虽然布鲁塞尔和柏林的官员反对收购,但罗伊特很支持,并对公司的股东说:"我们设定了目标,即到2020年,销售收入达到10亿欧元。一个支持这一战略并为我们提供更多市场渠道的合作伙伴,可能会成为库卡的一大增长动力。"[28]

收购后整合的合作方式[29]

在美国当局批准交易后，收购于 2017 年 1 月完成。但是，库卡必须首先出售其位于北美的航空技术部门，以满足美国的安全要求。[30]此外，为了减轻德国政界人士的担忧，美的签署了一份具有法律约束力的投资协议，保证库卡在 2023 年年底之前保持独立（详见表 2.3）。根据该协议，美的不能让库卡重组或退市；美的必须支持库卡现有的战略，并保证其执行董事会的独立性；美的必须保留库卡在德国现有的设施和工作岗位，包括公司总部；美的必须采取必要措施保护库卡及其商业伙伴的数据。[31]

表 2.3 美的收购库卡的具有法律约束力的投资协议概述

	商定议题
A.1	• 美的将支持库卡的战略及其在中国的发展，支持工业 4.0，以及物流和服务型机器人的发展 • 美的将在新地址和现有地址增加库卡的研发人员
A.2	• 美的将保证库卡执行董事会和管理团队的独立性
A.3	• 美的承认库卡的共同决策权，同时库卡在监事会拥有足够的投票权 • 根据德国公司治理的相关法规，美的将在监事会中保留一定数量的独立成员
A.4	• 美的将维持多元化的股东基础和足够的自由流通股 • 美的保证不让库卡退市
A.5	• 美的继续执行库卡的股息政策 • 美的确保库卡融资的独立性
A.6	• 美的保护库卡的品牌、产权，履行研发义务 • 美的通过一项协议来保护库卡商业伙伴的数据
A.7	• 美的将保留库卡在奥格斯堡的总部及其他设施和工作岗位

（续表）

	商定议题
A.8	• 美的将确保其不会进行任何企业重组
A.9	• 美的保留库卡的员工 • 美的继续执行公司协议、集体谈判协议和其他有关雇佣条件的协议

资料来源：Till Reuter and Peter Mohnen, "Press Conference of KUKA Aktiengdsellschaft: Signing of an Investor Agreement with Midea—Publication of the Joint Reasonecl Opinion on Midea's Takeover Offer for KUKA," June 29, 2016, accessed November 13, 2018, www.kuka.com/en-de/investor-relations/reports-and-presentations； "KUKA Signs Investor Agreement with Midea and Recommends Acceptance of the Offer," Kuka: Press release, June 28, 2016, accessed November 13, 2018, www.kuka.com/en-de/press/news/2016/06/investor-agreement-midea。

罗伊特指出：

> 我们与美的进行了密集的谈判，并确保给出的承诺已具有法律约束力。商定的 7.5 年的期限比通常的期限长得多。它保护我们公司、商业伙伴、员工和股东的利益，直到下一个 10 年。对于我们来说，为了确保商业伙伴的数据安全，找到一个好的解决方案也很重要。我们还成功地达成了协议，其中的内容对我们双方均有约束力。[32]

这项协议的基础是，对库卡的专有技术和客户及供应商的机密数据保护进行监管。美的和其他第三方不得访问机密数据，或者将此类数据转移到其他地点。在评估投标时，库卡不仅考虑了收购价格和包括员工、客户在内的利益相关者的合法权益，还考虑了交易的战略逻辑。[33]

库卡与美的合作的主要动力是其现有的发展战略，该战略以加强其在中国市场的影响力为基础，支持追求工业 4.0 愿景，并且扩大物流和服务机器人活动的领域。罗伊特表示："与美的一起，我们能够更好地实施现有的战略。而与此同时，我们仍是一家德国公司。"同时，美的承诺为库卡提供更好的进入中国市场的渠道，支持库卡的发展战略。根据协议，美的还将支持库卡的其他发展项目,包括增加研发人员、扩大现有研发基地,以及在数字化方面的投资。两家公司还希望在物流和服务机器人方面展开合作。[34]

整合挑战与罗伊特的离开

收购不到一年,美的就意识到库卡在德国总部及其在欧洲和亚洲的业务存在问题。2017 年 11 月,罗伊特宣布库卡系统计划裁员 250 人,原因是激烈的竞争导致订单减少。尽管罗伊特曾向他们保证,以中国为导向的战略不会以牺牲德国员工的利益为代价,但许多员工仍对工作保障表示怀疑。在气氛如此紧张的情况下,被收购部门的一些管理人员开始主动离开。由此导致了部分部门的产能受限,此外,美国、亚洲国家等最重要市场的项目成本过高,加之遭遇中国低成本竞争对手的激烈竞争,最终这些部门不得不进行了重组。[35]

2018 年 12 月,罗伊特提前辞去 CEO 一职。他的辞职意味着,在机器人和工业自动化领域,库卡和美的在潜力最大的中国市场上存在战略分歧。虽然两家公司一开始就将库卡的目标定为"中国第一",但罗伊特承认,由于亚洲市场增长疲软、欧洲出台新的排放规定,竞争更加激烈,被收购公司的增长陷入停滞。他还不得不密切关注中美贸易摩擦对公司的影响。罗伊特表示,随着公司改变方向和战略,他最困难的工作便是更换员工。他离职后,在中国管理层的领导下,合并后的公司的领导方向可能会变得更加清晰。但是,他的继任者也可能带来政治敏感问题。[36]

尽管美的早些时候保证不过度干涉被收购的部门,但随着中国公司收购的部门数量不断增加,尤其许多收购专门针对德国高科技公司,这就加剧了德国情报机构对本国关键技术潜在损失的担忧。[37]此外，德国决定加强对来自欧盟以外国家投资的限制，以保护本国战略产业。特别是那些打算购买25%以上公司股份的外国公司，将需要接受更深入的审查。德国正在考虑收紧这些政策，并进一步提高投资门槛。[38]

对那些涉及重要基础设施的收购，例如为电力部门、水力部门、铁路部门、电信部门、医院、银行和机场开发软件的国内公司，德国的收购规则将其定义为"威胁公共秩序"。此外，政府被允许有四个月的时间来审核收购计划（以前时间的两倍），在此期间，政府可以从情报机构收集信息。[39]

机器人产业

1959年，乔治·查尔斯·德沃尔（George Charles Devol）和乔·英格伯格（Joe Engelberger）发明了第一台工业机器人Unimate，它被安装在通用汽车公司的一家工厂中。它的成功引起了福特汽车公司的注意，并为工业机器人革命铺平了道路。由于廉价资本的增加、人口结构的变化、工资水平的提高以及自动化的趋势，工业机器人的需求逐渐增加（详见表2.4）。在2008—2009年的全球金融危机之后，全球各国为刺激投资和消费纷纷降低利率，鼓励制造商为提高效益而投资。[40]人口老龄化意味着劳动力增长率将下降，尤其是在中国、德国、日本和韩国，而像中国这种劳动密集型制造业国家的劳动力成本已经开始上升。[41]

表2.4 全球工业机器人年度发货量（2007—2016年）

（单位：千件）

年份	亚洲及澳洲	欧洲	美洲	合计
2007	58	35	20	113
2008	60	35	17	112

(续表)

年份	亚洲及澳洲	欧洲	美洲	合计
2009	30	20	9	59
2010	70	31	17	118
2011	89	44	26	159
2012	85	41	28	154
2013	99	43	30	172
2014	134	46	33	213
2015	161	50	38	249
2016	191	56	41	288

资料来源：案例作者根据"2017年世界机器人技术大会"编写。

协作机器人是一种依靠传感器和其他碰撞检测手段的新型机器人，已经在工厂中得到一定范围的应用。它们的编程没有那么复杂，总成本更低，并且比传统工业机器人灵活性更强。这些协作机器人被用于制造业服务运营。服务机器人由专业机器人组成，在农业、外科手术、物流和公共关系等领域起着重要作用，而个人家用机器人则为人们的日常生活提供帮助。在2018—2020年，服务机器人市场预计将增长20%—25%。[42]

机器人公司的主要产品市场

机器人公司最重要的客户是汽车制造商。自全球金融危机以来，新兴市场对新产能的投资，以及主要汽车生产国对生产现代化的投资，促使机器人需求量增加。因此，与其他行业相比，汽车行业已经变得更加成熟，并且具有更高的自动化程度。[43]尽管汽车行业仍然是机器人公司的主要客户，但其对机器人的年需求量在2015年和2016年仅分别增长了4.3%和5.1%，相比之下，同年电气/电子行业对机器人的需求增长分别为41.3%

和40%（见表2.5）。智能手机、平板电脑和其他电子设备的普及，使电子行业呈现爆炸式增长。[44] 由于激烈的竞争，劳动密集型的工作逐渐实现自动化，从而降低了成本。与此同时，老牌企业已经开始研发自己的工业机器人，比如全球最大的电子产品外包商鸿海精密工业股份有限公司的Foxbot，以及苹果公司的Daisy（拆卸iPhone并回收部件的机器人）。[45]

表2.5 全球工业机器人的年度需求量（2014—2016年）

（单位：千件）

行业	2014	2015	变化幅度（%）	2016	变化幅度（%）
汽车	94	98	4.3	103	5.1
电气/电子	46	65	41.3	91	40.0
金属	21	29	38.1	29	0
化学、橡胶和塑料	17	20	17.6	20	0
食品	7	7	0	8	14.3
其他	11	15	36.4	19	26.7
未详细说明的	24	20	(16.7)	24	20.0

资料来源："Executive Summary World Robotics 2017 Industrial Robots," TFR：International Federation of Robotics 15, accessed November 14, 2018, https://ifr.org/downloads/press/Presentation_PC_27_Sept_2017.pdf。

在2016年，汽车制造商是库卡的主要客户群，与汽车制造商发生的交易额占库卡机器人总销售额的50%。其他客户则分散在食品、消费品、能源、零售、医药、工程和化工等其他众多行业中。[46]

机器人公司的主要区域市场

2016年，中国、韩国、日本、美国和德国的机器人销量之和占全球总销量的74%，中国已成为2013年以来全球最大的机器人市场，且其领先地位正在不断扩大。截至2016年,中国的机器人销量占全球机器人总销量的30%,比2015年增长了27%。[47]预计到2020年,全球40%的工业机器人将销往中国(详见表2.6)。主要的推动因素包括制造业人工成本增加、中国大多数工厂自动化程度偏低,以及人口老龄化。由于中国仍缺乏核心技术,多年来一直严重依赖外国供应,与工业机器人需求量较低的发达国家相比,中国不得不为进口工业机器人支付更高的价格。中国制造商进口的所有机器人中,有60%以上来自ABB、库卡、发那科(Fanuc)和安川(Yaskawa)。[48]

表2.6 各国工业机器人年度发货量(2015—2020年)

(单位:件)

国家	2015	2016	2017*	2018*	2019*	2020*	2016—2017年增长率(%)	2018—2020年的复合年增长率(%)
中国	68 556	87 000	115 000	140 000	170 000	210 000	32	22
韩国	38 285	41 373	43 500	42 000	44 000	50 000	5	5
日本	35 023	38 586	42 000	44 000	45 000	48 000	9	5
美国	27 504	31 404	36 000	38 000	45 000	55 000	15	15
德国	19 945	20 039	21 000	21 500	23 500	25 000	5	6

注:*表示预测数据。

资料来源:"How Robots Conquer Industry Worldwide," IFR: International Federation of Robotics, September 27, 2017, accessed November 14, 2018, https://ifr.org/downloads/press/Presentation_PC_27_Sept_2017.pdf。

中国应对措施

2015年,为了减少对外国核心技术供应的依赖,并实现成为顶尖的高科技工业化国家之一的目标,中国政府制订了一项战略计划,该计划的目标是，到 2020 年，中国公司使用中国制造的产品核心零部件占比达到 40%，到 2025 年占比达到 70%。[49] 该战略涉及包括机器人产业在内的 10 个关键产业，中国政府希望本国能够以更低的价格生产出与日本或欧洲同等质量的机器人。该战略中还包括收购外国公司和工业 4.0 背景下的收购原则。[50] 工业 4.0 背景下的中国制造商能够迅速响应消费者需求的变化，同时减少生产的管理费用和成本。在中国，低劳动力成本和低劳动生产比的优势正在消失，因此，工业 4.0 可能会使相关行业的自动化程度进一步提高。[51]

库卡和它的竞争格局

库卡在中国的业务可以追溯到 1997 年，当时该公司使用了其前股东格伦泽巴赫集团（Grenzebach Group）的厂房。2014 年，库卡在当地建造了一个生产基地，并从中国汽车生产商那里拿到了一笔 1 375 台机器人的订单。[52] 截至 2016 年，库卡在中国机器人领域的市场份额约为 14%，跻身中国三大机器人供应商之列。库卡在 2020 年之前曾从中国获得超过 10 亿欧元的销售收入，它的目标是成为中国最大的机器人公司。[53] 为了实现这一目标，库卡正在扩大其在中国的业务，员工人数从 2015 年的 1 101 人增加到 2016 年的 1 289 人，并于 2017 年增加到 1 373 人。[54]

到 2016 年，库卡仍然是全球汽车行业中领先的机器人技术公司，也是通用工业领域的五大机器人制造商之一，与 ABB、b+m 表面系统有限公司（b+m Surface Systems GmbH）、发那科和安川竞争全球市场份额（详见表 2.7）。[55] 由于技术的发展更新，尤其是在中国政府鼓励下，数以千计新建的中国企业投入工业和服务机器人制造，机器人行业的竞争正变得越来越激烈。虽然不是所有的公司都能成功，但库卡和其他公司却不能忽视其他竞争对手的存在。据报道，2015—2016 年，中国最大的四家工业机器人制造商实现了 20% 的超高速增长，预计未来几年也将实现同样速度的增长。与此同时，位于日本和欧洲的同行要么在经历经济紧缩，要么处于较低的个位数增长。中国仓储机器人公司的海外扩张，以及中国大举进军第五代移动通信和人工智能领域，都将推动机器人制造商的增长。[56]

表 2.7 2016 年全球工业机器人市场的领军企业（根据营业额排列）

（单位：百万欧元）

企业	营业额
ABB	6 944
b+m 表面系统有限公司	3 800
发那科	1 600
安川	1 370
库卡	910
那智（Nachi）	156
威特曼（Wittmann）	145
雅马哈（Yamaha）	76
新松	59
通用机器人	56
igm 机器人系统有限公司	50

注：截至 2017 年 1 月 1 日，1 欧元＝1.04 美元。

资料来源："Global Industrial Robot Market: key Companies by Related Revenue 2017," Statista, last edited February 25, 2019, aessed November 14, 2018, www.statista.com/statistics/257177/global-industrial-robot-market-share-by-company/。

随着新技术的发展，苹果和联想等老牌企业也开始研发自己的工业机器人，同时初创企业也在推出新型机器人模型。技术更新变得更快、更便宜，机器人也不例外，它们的价格已经在逐步下降。因此，可能有越来越多的公司应用自动化技术。[57]

前景和挑战

由于国际竞争激烈，领先的机器人制造商的订单量和利润率可能会下降。鉴于此次收购采用的是合作的方式，美的需要弄清楚的是，被收购的独立部门如何才能降低成本，以保持竞争力。顾安迪表示："库卡在可靠性方面享有盛誉，作为一家德国公司，它并不是以低成本产品而闻名。我们需要非常努力才能弄清楚如何降低这些成本。"[58]据一些媒体报道，该公司中资企业的身份会导致其在汽车行业里失去一些重要客户的信任。同时考虑到中国日益成熟的互联网安全法律，以及中国政府对外国公司的监管，他们开始担心把研究中心留在中国可能会导致不良后果。[59]

自罗伊特 2009 年接管公司以来，库卡在汽车行业的机器人收入占总收入比重从 80% 下降至 30%，2016 年的这一比重大约为 50%。[60]尽管库卡希望继续在汽车行业占据主导地位，但它还需要专注于其他有发展势头的行业，如电子和医疗保健。然而，美的对库卡的发展另有打算：为消费者市场打造个人助理机器人。[61]但是，库卡从来没有制造过人形或四足机器人，更不用说那些用于收集灰尘或割草的低端机器人了。对于库卡这样的高科技企业来说，进入竞争激烈的大众市场可能是一个重大挑战。涉足大众市场对谁最有利？是被收购的库卡，还是长期致力于开发智能家电的美的？

美的于 2018 年 3 月透露，将通过与其收购的库卡合作，在中国成立三家合资企业，每一方各持有合资企业 50% 的股份，以扩大在中国的工业机器人、医疗保健和仓储物流业务。[62]具体来说，这几家合资企业的目标是成为中国机器人领域的领军企业。为了在 2024 年前实现 7.5 万台的机器人产能，并配备自动驾驶车辆，合资企业将在美的所在的华南顺德区建立一个机器人技术园区。[63]

美的利用其在中国的客户群、供应商和分销链，帮助其收购的库卡逐渐实现成为中国第一大机器人供应商的目标。库卡并不是唯一在中国寻求更大市场份额的公司，若没有美的，它将面临巨大的竞争挑战。它不仅需要与ABB、发那科和安川这样的国际竞争对手展开竞争，而且也会与本土公司展开竞争，例如E-Deodar机器人设备有限公司和新松公司，而这些公司的机器人价格仅为欧洲公司价格的三分之一左右。[64]美的完成收购后的合作方式保留了两家企业各自的独立经营方式，但美的能否继续与被收购的库卡合作，并帮助其实现成为中国第一大机器人供应商的目标呢？[65]

注释

1. "Midea Successfully Acquires KUKA AG," Midea, press release, January 9, 2017, accessed October 28, 2018, www.midea.com/global/about_midea/News/201701/t20170117_207407.shtml.

2. Eugene Demaitre, "China's Midea Bids on KUKA for German Industrial Robotics Prowess," *RBR*: *Robotics Business Review*, May 19, 2016, accessed November 12, 2018, www.roboticsbusinessreview.com/manufacturing/chinas_midea_bids_on_kuka_for_german_industrial_robotics_prowess/; Edward Taylor, "China's Midea Receives U.S. Green Light for Kuka Takeover," Reuters, December 30, 2016, accessed November 13, 2018, www.reuters.com/article/us-kuka-m-a-mideamidea-group/chinas-midea-receives-u-s-green-light-for-kuka-takeover-id USKBN14JOSP.

3. Emma Thomasson, "Germany to Protect Firms from Foreign Takeovers—Report," Reuters, July 11, 2017, accessed November 13, 2018, www.reuters.corn/article/germany-ma/germany-to-protect-firms-from-foreign-takeovers-re-

port-idUSL8N1K25PB.

4. "KUKA Signs Investor Agreement with Midea and Recommends Acceptance of the Offer," Kuka, June 28, 2016, accessed November 13, 2018, www.kuka.com/en-de/press/news/2016/06/investor-agreement-midea.

5. Barbara Woolsey, "Robot Maker Kuka Feels the Squeeze," Handelsblatt Today, December 17, 2017, accessed November 11, 2018, https://global.handelsblatt.com/companies/robot-maker-kuka-feels-the-squeeze-861702.

6. "Learn More about Midea," Midea, accessed November 12, 2018, www.midea.bg/en/about-midea; "Business News: Belarusian-Chinese Midea-Horizont to Make Water Heaters, Water Coolers in H1 2016," Belarus: Official Website of the Republic of Belarus, December 9, 2015, accessed March 13, 2019, www.belarus.by/en/business/business-news/belarusian-chinese-midea-horizont-to-make-water-heaters-water-coolers-in-h1-2016_i_32545.html.

7. Cong Mu, "Time to Let Go," Global Times, September-4, 2012, accessed November 12, 2018, www.globaltimes.cn/content/731055.shtml.

8. "US $800 Million to Be Spent on Automation in 5 Years," Midea, May 23, 2015, accessed November 12, 2018, www.midea.com/global/about_midea/News/201505/t20150523_180256.shtml.

9. "Toshiba and Midea Complete the Transfer of Toshiba's Home Appliances Business," June 30, 2016, accessed November 12, 2018, www.midea.com/global/about_midea/News/201606/t20160630_204782.shtml; Midea, "Midea and Clivet Complete the Share Transfer of Clivet S. p. A," Midea, October 31, 2016, accessed November 12, 2018, www.midea.com/global/about_midea/News/index_1.shtm!; "BRIEF—Electrolux Says to Divest Eureka Brand to Midea Group," Reuters, December 2, 2016, accessed November 12, 2018, www.reuters.com/article/idUSASM0007T2.

10. "China's Midea Group Targets Kuka," Metalworking News, accessed November 12, 2018, http://metalworkingnews.info/chinas-midea-group-targets-kuka/.

11. Demaitre, op. cit.

12. "The History of KUKA," Kuka, accessed November 12, 2018, www. kuka. com/en-de/about-kuka/history.

13. Ibid.

14. Patrick McGee, "Till Reuter, Chief Executive, Kuka, on Big Ambitions in China," *Financial Times*, June 18, 2017, accessed November 12, 2018, www.ft.com/contenU1c4c41fa-4a05-11e7-a3f4-c742b9791d43.

15. "Till Reuter Named Permanent CEO of KUKA," Kuka, April 26, 2010, accessed November 12, 2018, www. kuka. com/en-de/press/news/2010/04/till-reuter-named-permanent-ceo-of-kuka.

16. Frank Tobe, "25% of KUKA Shares Trade Hands," The Robot Report, December 7, 2014, accessed November 12, 2018, www.therobotreport.com/25-of-kuka-s hares-trade-hands/.

17. "Voith Acquires 25.1 Percent of KUKA," Cision: PR News Wire, press release, December 3, 2014, accessed November 12, 2018, www.prnewswire.com/news-releases/voith-acquires-251-percent-of-kuka-300004318.html.

18. Nick Kochan, "Primed for Action," Odgersberndtson, June 8, 2015, accessed March 13, 2019, www. odgersberndtson. com/en-aUinsights/primed-for-action.

19. Kuka, *Annual Report* 2017, 13, 25-26, accessed November 13, 2018, www.kuka.com/en-de/investor-relations/reports-and-presentations.

20. Ibid.

21. Daniel Ren, "German Robot Maker Kuka Eyes 1b Sales in China by Tapping Parent's Midea Group's Network," *South China Morning Post*, March 7, 2018, accessed March 14, 2019, www.scmp.com/business/companies/article/2136197/german-robot-maker-kuka-eyes-eu1b-sales-china-tapping-parents.

22. "Robot-Maker Kuka Seeks Growth in New Spheres-And in China," *China Daily*, December 29, 2017, accessed March 14, 2019, www. chinadaily. corn.cn/a/201712/29/WS5a458b36a31008cf16da418d.htmI.

23. KUKA, *Annual Report* 2016, 6, accessed March 14, 2019, https://www.kuka.com/en-de/investor-relations/reports-and-presentations#2016.

24. "KUKA Shareholder Structure," Kuka, accessed November 9, 2018, www.kuka.com/en-de/investor-relations/shares/shareholder-structure.

25. Georgina Pradhan, "Offering Reassurances, China's Midea Launches Bid for Germany's Kuka," Reuters, June 16, 2016, accessed November 9, 2018, www.reuters.com/article/us-kuka-m-a-midea-group-idUSKCNOZ20GC.

26. James Shatter, "Germany's Voith to Sell Kuka Stake to China's Midea," *Financial Times*, July 4, 2016, accessed March 14, 2019, www.ft.com/contenU11f198d6-4128-11e6-b22f-79eb4891c97d.

27. "Berlin Approves Kuka Sale to Midea," DW: Made for Minds, August 17, 2016, accessed November 11, 2018, www.dw.com/en/berlin-approves-kuka-sale-to-midea/a-19479483.

28. Amie Tsang, "Midea of China Moves a Step Closer to Takeover of Kuka of Germany," *New York Times*, July 4, 2016, accessed November 11, 2018, www.nytimes.com/2016/07/05/business/dealbook/germany-china-midea-kuka-technology-robotics.html.

29. Abdul Montaqim, "Kuka Takeover Bid Welcomed by Reuter, According to Reuters," Robotics & Automation News, May 27, 2016, accessed November 11, 2018, https://roboticsandautomationnews.com/2016/05/27/chinese-takeover-bid-welcomed-by-reuter-according-to-reuters/4793/.

30. Prashant Kale, Harbir Singh, and Anand P. Raman, "Don't Integrate Your Acquisitions, Partner with Them," *Harvard Business Review*, December 2009, 1-11. Available from Ivey Publishing, product no. R0912M.

31. "Midea's Acquisition of Kuka Gains Full Approval," ChinaTechNews, January 5, 2017, accessed November 11, 18, www.chinatechnews.com/2017/01/05/24645-mideas-acquisition-of-kuka-gains-full-approval.

32. "KUKA Signs Investor Agreement with Midea," op. cit.

33. Ibid; A ring-fence was a measure to segregate and protect a portion of assets from some risks.

34. Ibid.

35. Ibid.

36. Woolsey, op cit.

37. Patrick McGee, "Till Reuter Faces Ousting as Chief of German Robotics Group Kuka," *Financial Times*, November 26, 2018, accessed April 29, 2019, www.ft.com/content/0lbfc6cc-f0bc-lle8-ae55-df4bf40f9d0d; "Till Reuter Terminates His Office as CEO in December in Agreementwith the Supervisory Board-Peter Mohnen Takes Over and Ensures Continuity," Kuka: press release, November 26, 2018, accessed April 29, 2019, www.kuka.com/en-de/press/news/2018/11/till-reuter-terminates-his-office-as-ceo-peter-mohnen-takes-over.

38. Andrea Shalal, "Germany Risks Losing Key Technology in Chinese Takeovers: Spy Chief," Reuters, April 11, 2018, accessed November 11, 2018, www.reuters.com/article/us-germany-security-china/germany-risks-losing-key-technology-in-chinese-takeovers-spy-chief-idUSKBN1Hl21S.

39. Michael Nienaber, "Germany Eyes Stricter Rules for Foreign Takeovers amid China Worries," Reuters, April 26, 2018, accessed November 11, 2018, www.reuters.com/article/us-germany-china-m-a/germany-eyes-stricter-rules-for-foreigntakeovers-amidchina-worries-idUSKBN1HX2MF.

40. "Germany Tightens Takeover Rules to Shield 'Critical' Businesses," DW: Made for Minds, July 12, 2017, accessed November 11, 2018, www.dw.com/en/germany-tightens-takeover-rules-to-shield-critical-businesses/a-39652022.

41. David Brett, "The Global Financial Crisis 10 Years On: Six Charts That Tell-the Story," Schroders, August 9, 2017, accessed November 11, 2018, www.schroders.com/en/insights/economics/the-global-financial-crisis-10-

years-on-six-charts-that-tell-the-story/.

42. Anirban Nag, "Demographic Crisis in Germany, Japan Could Be Defused by Robots," livemint, May 31, 2017, accessed March 14, 2019, www.livemint. com/lndustry/eZ6zJ9dyUydHMkly7fGfXM/Demographic-crisis-in-Germany-Japan-could-be-defused-by-rob.html.

43. "Why Service Robots Are Booming Worldwide—lFR Forecasts 12% Rise in Sales," EUnited：European Engineering Industries Association, October 2017, accessed November 11, 2018, www.eu-nited.net/robotics/news-events/robotics-news/why-service-robots-are-booming-worldwide-ifr-forecasts-sales-up-12.html.

44. "Executive Summary World Robotics 2016 Industrial Robot," IFR：International Federation of Robotics, 13, accessed March 14, 2019, https://ifr.org/img/uploads/Executive_Summary_WR_lndustrial_Robots_20161.pdf.

45. "Global Consumer Electronics Market Growth Is Expected to Be Driven Expanding Middle Class, and Increasing Disposable Income," MarketWatch：press release, February 21, 2018, accessed March 14, 19, www.marketwatch.com/press-release/global-consumer-electronics-market-growth-is-expected-to-be-driven-expanding-middle-class-and-increasing-disposable-income-2018-02-21.

46. Buddhas Brother, "Foxbot, the Foxconn Robotic Revolution Begins...," Highpants, November 21, 2012, accessed March 15, 2019, www.highpants.net/foxbot-the-foxconn-robotic-revolution-begins/; Patrick Moorhead, "Apple's New iPhone Recycling Robot 'Daisy' Is Impressive, and in Austin," *Forbes*, April 19, 2018, accessed March 15, 2019, www.forbes.com/sites/patrickmoorhead/2018/04/19/apples-new-iphone-recycling-robot-daisy-is-impressive-and-in-austin/.

47. KUKA, *Making the Right Decisions at the Right Time：Annual Report* 2016, 3, accessed March 15, 2019, https://www.kuka.corn/en-de/investor-rela-

tions/reports-and-presentations#2016.

48. "Executive Summary World Robotics 2017 Industrial Robots," IFR: International Federation of Robotics, 16, accessed November 11, 2018, https://ifr.org/downloads/press/Executive_Summary_WR_2017_lndustrial_Robots.pdf.

49. Eric Ng, "China Embraces Smart Factory Technology in Manufacturing Arms Race with Germany, Japan," *South China Morning Post*, September 23, 20 17, accessed November 11, 2018, www.scmp.com/business/companies/article/2112452/china-embraces-smart-factory-technology-manufacturing-arms-race.

50. "Made In China 2025: The Domestic Tech Plan That Sparked an International Backlash," SupChina, June 28, 2018, accessed November 11, 2018, https://supchina.com/2018/06/28/made-in-china-2025/.

51. The fourth industrial revolution included cyber-physical systems, the Internet of things, cloud computing, and cognitive computing.

52. Lan Xinzhen, "Industry 4.0: China's New Opportun ities," *Beijing Review*, January 4, 2015, accessed March 14, 2019, www.bjreview.corn.cn/print/txt/2015-01/04/content_662245.htm.

53. "Robot Maker Kuka Opens Shanghai Factory," *China Daily*, December 11, 20 13, accessed November 11, 2018, www.chinadaily.corn.cn/business/tech/2013-12/11/content_17167119.htm.

54. "Robot-Maker Kuka Seeks Growth in New Spheres," op. cit.

55. KUKA, *Full Year Report* 2016, 62 and *Full Year Report* 2017, 57, accessed November 11, 2018, www.kuka.com/en-de/investor-relations/reports-and-presentations.

56. Joacim Lorentsson, "Company Presentation 2016," 5, accessed November 11, 2018, http://robotek.no/filer/dokumenter/1-CompanyPresentation_Kuka-Brattvag.pdf.

57. "The Rise of Chinese Robotics Startup Companies," TechStartups, April 10,

2018, accessed November 11, 2018, https://techstartups.com/2018/04/10/rise-chinese-robotics-startup-companies/.

58. Yuichiro Kanematsu, "Lenovo Gambling on Modular Smartphone Technology," Nikkei Asian Review, April 13, 2017, accessed March 13, 2019, https://asia.nikkei.com/Business/Lenovo-gambling-on-modular-smartphone-technology.

59. "Midea Eyes Top Spot for Kuka in China's Robot Market," Emirates Business, March 12, 2017, accessed November 11, 2018, http://emirates-business.ae/midea-eyes-top-spot-for-kuka-in-chinas-robot-market/.

60. Jens Kastner, "Layoffs Cloud Outlook for Chinese Takeovers in Germany," Nikkei Asian Review, January 30, 2018, accessed November 11, 2018, https://asia.nikkei.com/Asia300/Layoffs-cloud-outlook-for-Chinese-takeovers-in-Germany.

61. "Robot-Maker Kuka Seeks Growth in New Spheres," op. cit.

62. "Kuka, Midea to Develop Personal Assistant Robot after Merger," ChinaTechNews, June 23, 2017, accessed November 11, 2018, www.chinatechnews.com/2017/06/23/25157-kuka-midea-to-develop-personal-assistant-robot-after-merger.

63. "Midea and KUKA Announce Roadmap for Robotics and Automation in China," Midea: press release, March 22, 2018, accessed November 11, 2018, www.midea.com/global/about_midea/News/201803/t20180322_210382.shtml.

64. "KUKA and Midea Strengthen Cooperation in China," Kuka: press release, March 22, 2018, accessed November 11, 2018, www.kuka.com/en-de/press/news/2018/03/joint-venture-kuka-und-midea.

65. Heven Fan, ed., "Chinese Machine Tool Market—Weekly Bulletin," ITA: Italian Trade Agency and ICE-UCIMU, January 10, 2018, accessed November 11, 2018, www.ice.it/it/sites/default/files/inline-files/WEEKLY%20BULLETIN%2010-01-2018.pdf.

第3章

加拿大帝国商业银行与巴克莱银行合并的会计处理

本案例由 Archibald Campbell 和 Noel Reynolds 撰写。本案例仅作为课堂讨论材料，作者无意暗示某种管理行为是否有效。作者对真实姓名等信息进行了必要的掩饰性处理。

未经 Richard Ivey School of Business Foundation 书面授权，禁止任何形式的复制、收藏或转载。本内容不属于任何版权组织授权范围。如需订购、复制或引用有关资料，请联系 Ivey Publishing，Richard Ivey School of Business Foundation，The University of Western Ontario，London，Ontario，Canada，N6A3K7；Phone：(519) 661-3208；Fax：(519) 661-3882；E-mail：cases@ivey.uwo.ca。

Copyright © 2004，Richard Ivey School of Business Foundation

第 3 章　加拿大帝国商业银行与巴克莱银行合并的会计处理

简　介[1]

2001 年 10 月 30 日，加拿大帝国商业银行（Canadian Imperial Bank of Commerce，以下简称"CIBC"）和巴克莱银行（Barclays Bank，以下简称"巴克莱"）签署了一项协议，将双方在加勒比地区的零售业务、公司业务和离岸银行业务合并，成立第一加勒比国际银行（First Caribbean International Bank，以下简称"第一加勒比"）。

合并两个大型商业银行和金融机构会使会计与财务系统任务量剧增，这使得 CIBC 的会计和报告主管杰拉德·伯莱里（Gerald Borely）陷入了沉思。为此，他准备起草一份行动计划，并提交给执行董事兼首席财务官约翰·F. 里维埃尔（John F. Riviere）。里维埃尔的团队负责分析业务部门绩效和财务报告，以区分不同地区和不同职能对企业盈利的影响。

历史背景简介

巴克莱

19 世纪初，英国成立了第一批股份制银行，为股东和客户提供更广泛的资源和保障。在这样的背景下，加之彼时英国和西印度群岛有利的经济条件，一批伦敦的商人和银行家决定在西印度群岛成立一家银行。1836 年

6月1日，君主为他们授予了皇家特许状，允许他们在英国建立殖民银行。1837年5月，殖民银行在英联邦加勒比地区建成，后来成为该地区最古老的银行机构。随后，该殖民银行在巴巴多斯、特立尼达、圭亚那、牙买加、圣卢西亚、格林纳达、安提瓜、多米尼克、圣基茨和圣文森特等多地开设了办事处。在19世纪的大部分时间里，该银行在加勒比地区实际上是一个垄断机构，它所面临的唯一有力的竞争来自19世纪40年代的西印度银行。殖民银行在加勒比群岛的业务不断扩展，这在一定程度上促进了当地经济的恢复与发展，可见，这是一个成功的商业范例。

1925年，该银行与英国埃及银行和南非银行合并，组建了巴克莱银行殖民地及海外地区（Dominion Colonial and Overseas）分行，并自1954年开始简称为"巴克莱银行DCO"。巴克莱在加勒比地区开展业务已百年有余，历史悠久。而在这一段时期内，加勒比地区的国家也开始呼吁要享有决定自己未来的权利，其中许多国家在20世纪60年代末摆脱了英国的殖民统治，成为独立国家。后来出现的国有化呼声，再加上加勒比地区一些不稳定的政治和经济因素，迫使巴克莱对其在该地区的业务进行评估，结果导致该银行出售了位于牙买加、特立尼达和圭亚那的资产。讽刺的是，虽然这三个地区分别拥有加勒比地区最多的人口、最大的经济体量和最多的土地面积，但它们同样也是该地区20世纪60代末至70年代末最动荡不安的地区。因此，巴克莱在这三个地区内不再设分行，但它在其他业务领域内仍然是最大的银行。

巴克莱曾是英国最大的金融服务集团之一，其业务遍布全球。它在加勒比地区曾开设45家分行，业务遍及14个国家（地区）、25座岛屿。巴克莱加勒比分行的银行业务所遍及的辖区包括安圭拉、安提瓜和巴布达、巴哈马、巴巴多斯、伯利兹、英属维尔京群岛、开曼群岛、多米尼克、格林纳达、圣基茨和尼维斯、圣卢西亚、荷属安的列斯群岛、圣文森特和格

第3章 加拿大帝国商业银行与巴克莱银行合并的会计处理

林纳丁斯、特克斯和凯科斯群岛。截至2001年12月31日，巴克莱加勒比分行在该年度的业务净收入为7 260万美元[2]，总资产为52亿美元；截至2002年4月30日，该分行在过去6个月期间未经审计的业务净收入为2 900万美元，总资产为53亿美元。巴克莱加勒比分行雇用了约1 500名员工，为约386 000个账户提供服务，其中包括328 000个在岸零售账户、23 000个在岸公司账户、25 000个离岸账户和10 000个员工账户。巴克莱加勒比分行为上述14个国家（地区）都提供企业和个人银行服务，其中在5个国家（地区）还提供离岸银行服务，分别为巴哈马、巴巴多斯、开曼群岛、英属维尔京群岛、特克斯和凯科斯群岛。巴克莱加勒比分行业务的总部设在巴巴多斯。巴克莱加勒比分行的成员信息见表3.1。

表3.1 巴克莱加勒比分行的成员信息

公司	性质	注册地	持股比例（%）
巴克莱巴哈马金融有限公司	持牌按揭贷款人及存款接受者	巴哈马	100
巴克莱拿骚托管有限公司	托管公司	巴哈马	100
巴克莱巴巴多斯金融有限公司	持牌按揭贷款人及存款接受者	巴巴多斯	100
巴克莱开曼群岛金融有限公司	持牌按揭贷款人及存款接受者	开曼群岛	100
巴克莱背风&向风群岛金融有限公司	持牌按揭贷款人及存款接受者	圣卢西亚	100
格雷斯酒店有限公司	托管公司	开曼群岛	100
帕尔默公众有限公司	非银行金融公司	库拉索岛，荷属安的列斯群岛	100

CIBC

1920年，CIBC决定向境外拓展业务范围时，选择在西印度群岛设立第一个国际分行。该银行首先于1920年下半年在牙买加和巴巴多斯开设了分行，随后又于1921年在特立尼达和巴西开设了分行。在此之后，该银行又逐渐于巴哈马、多巴哥、安提瓜、开曼群岛、圣卢西亚、特克斯和凯科斯群岛、圣文森特等地开设分行。CIBC为了实现该银行所有权的本地化，并在牙买加证券交易所上市，便于1988年通过公开发行股票的方式出售了其在CIBC牙买加有限公司（CIBC Jamaica Limited）45%的股份。此外，为了应对日益激烈的竞争、适应不断变化的市场动态，该公司于1993年启动了重组程序，最终于1993年5月7日重新组建了CIBC西印度群岛控股有限公司（CIBC West Indies Holdings Limited，以下简称"CIBCWIH"），并公开出售公司23%的股权。这一重组使得该银行能够更好地应对这一地区商业环境发生的变化。

1999年，CIBC与来自西印度群岛各地的管理团队共同举办了一次名为"展望2002"的战略性会议。这是该地区的众多管理人员第一次见面并一起工作。一年后，一项革命性的服务保障计划（service guarantee program）在整个地区展开。该地区新兴的国际综合核心银行系统（International Comprehensive Banking System，ICBS），于当年4月在巴巴多斯启动，不久后便在西印度群岛全境投入使用。为了集中企业体系内的所有业务，该公司在巴巴多斯圣迈克尔开设了一个新的CIBCWIH总部，即CIBC中心（CIBC Centre）。

CIBC加拿大分行在全球拥有800多万个人银行和商业客户，因此，就其资产而言，它无疑是北美领先的金融机构之一。CIBC加勒比分行雇用了约1 600名员工，在加勒比地区的42个分支机构和办事处为350 000名个

第3章 加拿大帝国商业银行与巴克莱银行合并的会计处理

人和商业客户提供服务。在过去几年中，CIBC 加拿大分行在 CIBCWIH 与 CIBC 加勒比分行的支持之下重组了其在加勒比地区的所有零售银行业务。截至 2001 年 10 月 31 日，CIBC 加勒比分行在该年度的净收入为 6 780 万美元，资产总额达到 46 亿美元；截至 2002 年 4 月 30 日，它在过去 6 个月期间的净收入为 2 740 万美元，资产总额达到 45 亿美元。该公司如今已在三个区域性证券交易所上市，分别为巴巴多斯证券交易所、特立尼达和多巴哥证券交易所、牙买加证券交易所。此外，该公司的两家子公司，即 CIBC 巴哈马有限公司（CIBC Bahamas Limited）和 CIBC 牙买加有限公司（CIBC Jamaica Limited）也已在当地证券交易所上市。CIBCWIH 的成员信息见表 3.2。

表 3.2 CIBCWIH 的成员信息

公司	性质	注册地	持股比例（%）
CIBC 西印度群岛离岸银行公司	在巴巴多斯获得执照的国际银行	巴哈马	100.00
CIBC 巴哈马有限公司	在巴哈马、特克斯和凯科斯群岛获得 A 级执照的银行和信托公司	巴哈马	90.90
CIBC 牙买加有限公司	在牙买加获得执照的商业银行	牙买加	81.90
CIBC 加勒比有限公司	在巴巴多斯、安提瓜、圣卢西亚以及圣文森特和格林纳丁斯获得执照的国内银行（在合并完成后，便会在多米尼加、格林纳达、圣基茨和尼维斯、安圭拉和伯利兹获得银行执照）	巴巴多斯	100.00
CIBC 建筑集团	在牙买加获得执照的建筑集团	牙买加	100.00（通过 CIBC 牙买加有限公司持有）

（续表）

公司	性质	注册地	持股比例（%）
CIBC 牙买加信托商业银行有限公司	在牙买加获得执照的信托商业银行	牙买加	100.00（通过 CIBC 牙买加有限公司持有）
CIBC 开曼有限公司	在开曼群岛获得 A 级执照的银行（在合并完成后，将在英属维尔京群岛和荷属安的列斯群岛申请银行执照）	开曼群岛	100.00
CIBC 巴巴多斯信托商业银行有限公司	在巴巴多斯获得执照的信托商业银行	巴巴多斯	100.00（通过 CIBC 加勒比有限公司持有）
CIBC 土地控股（TCI）有限公司	持有财产所有权的国内公司	特克斯和凯科斯群岛	100.00（通过 CIBC 巴哈马有限公司持有）
沃伦商业综合有限公司	持有财产所有权的国内公司	巴巴多斯	100.00（通过 CIBC 加勒比有限公司持有）

合并的必要性

在合并之前，CIBC 和巴克莱都受到长期低利率、净利息收益减少、整个地区增长率不断下降以及一些产品需求放缓所带来的负面影响。可以说，正是那些促使 CIBC 在过去 10 年中重组业务、迫使巴克莱在过去 30 年中不断调整其在加勒比地区战略选择的背后因素，导致了这两家传统银行开始寻求合并。而这一合并还源于两家银行都试图建立一个更大的金融机构，以便更加有效地参与市场竞争，实现规模经济和范围经济，为整个区域的消费者提供更广泛的选择，并强化自身的资本基础。CIBC 与巴克莱彼

第 3 章　加拿大帝国商业银行与巴克莱银行合并的会计处理

时还面临着利润压力、运营风险、产能限制,以及该地区财富管理业务性质的变化。同时,面对新的产品和分销系统,以及技术不断更新迭代,两家银行必须及时调整投资计划。

两家银行合并后,按市值计算,第一加勒比将有望成为加勒比地区最大的本地上市银行。CIBC 加勒比分行和巴克莱加勒比分行业务的合并,有望在其广泛的零售金融服务能力范围内创造额外的产品销售机会。CIBCWIH 的总裁兼 CEO 迈克尔·曼苏尔(Michael Mansoor)称:

> 我们推进这一合并是为了建立一个更大的金融机构,实现规模经济和范围经济。最重要的是,为我们所有细分市场的客户提供更高质量与多样化的产品和服务选择……我们会尽力确保在合并期间及之后,有足够的配套措施来满足内控和合规的要求。

值得注意的是,巴克莱和 CIBC 在 1999 年的同一时间召开了股东大会,分别讨论两家银行的未来之路。两年后的 2001 年 7 月 23 日,巴克莱和 CIBC 宣布,他们正在进行深入讨论,旨在将其在加勒比地区的零售业务、公司业务和离岸银行业务结合起来,创建第一加勒比国际银行。巴克莱和 CIBC 都认为,这一合并能够为银行客户、员工和业务提供的利益和机会是双方在"独立经营"时所无法企及的。他们觉得,两家银行联手能够更加有效地应对各自面临的挑战,合并后可获得的机会也将大大增加。

巴克莱加勒比分行和巴哈马地区总监查尔斯·米德尔顿(Charles Middleton)在谈到合并时说道:

> 我们希望第一加勒比能够成为加勒比地区领先的银行之一。它的规模和多元化应该为我们的员工提供多种职业机会。该银行还打算出台员工持股计划,以使员工能够参与公司未来的发展。

同样，曼苏尔也表示：

> 我们的目标是将第一加勒比打造成在服务、产品、可及性和创新方面的市场领导者。我们双方共计已在该地区积累了长达225年的经验，对这一地区的商业模式和消费者需求都有着清楚的了解。这个银行将成为加勒比地区的代表性银行，促进加勒比地区的发展，并加强该地区与世界的联系。

得益于合并带来的协同效应，CIBC加勒比分行和巴克莱加勒比分行的结合预计每年可节省6 000多万美元的税前成本。在合并完成后，这一成本优势将持续3年。他们的计划是，通过经营整合节约成本，如节省信息技术开支、去除重复的核心成本，以及缩减分支机构和办事处。在推出新产品和服务后，协同效应带来的成本优势预计将逐渐显现。在合并完成后的前三年运营期内，预计将产生约7 600万美元的税前重组和整合成本。

合并的性质

CIBCWIH和巴克莱在加勒比地区的银行业务将在CIBCWIH的企业结构下进行合并，成立以"第一加勒比"命名的统一企业。上述业务将由第一加勒比全资拥有（个别少数股东也有部分权益）。在合并的过程中，CIBCWIH的独立子公司将收购巴克莱在同地区的企业，这些企业通常是作为分支机构运作的，而不是作为登记在册的实体。在发行这些子公司股份的同时，作为交换，巴克莱会通过期货买卖获得CIBCWIH的股份，以此实现所有权权益的全面合并。

第一加勒比将把加勒比地区两大领先且互补的金融服务企业合二为一，为客户提供增强版的产品、更完善的服务和更多样的银行业务。第一加勒比将会成为加勒比地区独一无二的存在,并且能够在该区域发挥关键作用。第一加勒比将保留CIBCWIH在巴巴多斯、特立尼达、多巴哥和牙买加的上市公司身份。巴克莱私人银行业务和CIBCWIH财富管理业务及其客户不在我们的讨论范围之内,它们仍将分别归属于巴克莱和CIBC。

这一交易的结构性调整可以看作CIBCWIH的母公司CIBC和巴克莱银行之间的结合,双方分别持有合并后企业43.3%的表决权股票,其余13.4%的表决权股票则由散户持有。此外,巴克莱将持有CIBCWIH的一些无表决权的股票,从净值来看,CIBC与巴克莱分别持有第一加勒比42.6%、44.2%的股权,其余的13.2%股权由散户持有(这些权益最终取决于增发股权,以及根据员工持股计划向员工发行股份的情况)。由于巴克莱在加勒比地区的业务规模大于CIBCWIH,所以为了实现预期的所有权关系,双方将进行一些额外交易,包括向CIBC私募发行额外股权,以及向CIBCWIH的准股东在交易之前公开发行股权。

拟合并所引发的问题

交易的会计处理

伯莱里一边要应对团队所面临的紧迫问题,一边又要思考此次合并要做怎样的会计处理。原则上,双方似乎都同意将各自的资产组合起来,形成一个新的实体,在这种情况下,可以成立一个新的控股公司来吸收被合并的资产。一方面,这一操作被视为从母银行收购资产,以此作为新实体公司股权的对价。合并双方的地位相当,在新公司董事会中都有着相近的话语权,且拥有平等的公司管理权。另一方面,鉴于巴克莱在合并中的权益远大于 CIBC，该交易则可以理解为巴克莱对 CIBC 权益的直接收购。然而，这给伯莱里带来了难题，巴克莱加勒比分行目前在该地区不是独立法人，而是作为母银行的分支机构分散在各个地区。他必须想出某种方法来解决这一问题，以满足监管和会计标准，并实现银行的发展目标。

CIBC 通过五个实体公司在加勒比地区开展业务：

1. CIBC 巴巴多斯有限公司（该公司是 CIBC 在除巴哈马群岛、开曼群岛、牙买加以外的加勒比地区的业务总部）
2. CIBC 巴哈马有限公司
3. CIBC 开曼有限公司
4. CIBC 牙买加有限公司
5. CIBC 离岸有限公司（总部设在巴巴多斯）

然后，基于国际财务报告准则（International Financial Reporting Standarols，IFRS），这些公司合并为 CIBCWIH，总部设在巴巴多斯。事实上，巴巴多斯政府已给予该公司税收优惠，以便其将在巴哈马和开曼群岛所获利润汇给巴巴多斯的公司时，不必在巴巴多斯增缴税金。但是，在牙买加这种优惠就不复存在了，因为两国之间签订过双重征税条约。

一方面，CIBC 牙买加有限公司和 CIBC 巴哈马有限公司是上市公司，已在各自的证券交易所挂牌，而 CIBCWIH 已在巴巴多斯、特立尼达和牙买加的证券交易所上市。CIBC 对子公司的投资分别占其 2001 年综合收益和总资产的 6.2% 和 2.5%。

另一方面，除了私人银行业务，巴克莱在加勒比地区开设了分行，这些分行都是巴克莱银行伦敦总行的一部分。巴克莱按照英国公认会计原则（UK GAAP）制作财务报表。2001 年，巴克莱加勒比分行占巴克莱净收入和总资产的比例分别为 4.3% 和 2.1%。

第3章　加拿大帝国商业银行与巴克莱银行合并的会计处理

交　易

巴克莱被视为买家，因为其资产的公允价值为 11 亿美元，而 CIBCWIH 资产的公允价值为 6.43 亿美元（CIBC 在该公司中占有 77.7% 的股份）。以下说明概述了拟定的合并条款和实施方式：

- CIBCWIH 和巴克莱将合并各自在加勒比地区的业务，在此过程中，巴克莱将把其分行业务和区域实体公司转让给 CIBCWIH 的子公司，以换取第一加勒比的股份。

- CIBC 最初将持有第一加勒比 4.71 亿股的股票，其他公众将持有 1.408 亿股的股票。CIBC 将以每股 1.05 美元（总计 2.05 亿美元）的价格认购 CIBCWIH 1.95 亿股股票。

- 巴克莱加勒比分行在进行一些期货交易后，将获得价值 8 000 万美元的优先股，以及 2 470 万股无表决权的股票和 6.66 亿股有表决权的股票。

- 届时，CIBC 和巴克莱将分别持有第一加勒比 6.66 亿股有表决权的股票，其他公众将持有 1.408 亿股有表决权的股票。随后将公开发行股票，CIBCWIH 的股东（CIBC 和巴克莱除外）可以以相同价格认购 CIBCWIH 的新股，配股方式为每 5 股配 12 股，最多可认购 5 867 万股股票。根据合并完成后的员工持股计划，还将额外增发约 600 万股股票。

上述条款的前提是，第一加勒比的一级资本至少占比 14%，因为监管机构认为，需要有一个良性的资本基础，以抵消两家大型银行撤资后可能造成的形象损失。

交易双方承认，如果从一家企业向另一家企业转移资产时，应缴纳的转让税过高，那么此次交易的经济效益将大幅缩减。但是，如果仅仅改变一家企业的名称，就不必缴纳税款。因此，双方都同意借用 CIBCWIH 来完成交易。

商　誉

为了完成合并，并对双方的所有者权益进行评估，两家企业的资产都重新以公允价值进行计量。分属于 CIBC 和巴克莱的商誉价值分别为 1.6 亿美元、3.1 亿美元。两个实体均同意将商誉保留在其账簿上，并且每年进行减值测试，以确定公司是否有必要注销。

人事部门

CIBC 在四个地区设有会计部门，负责制作并发布财务报表；而巴克莱则在伦敦开展相关会计工作，基础报告由分行完成，并向总部报告。合规报告是在巴巴多斯完成的，而对外报告由总部负责。

因此，与巴克莱相比，CIBC 拥有多名有从业资格的会计师，而且他们肩负的责任也更重。

会计估计/政策

这两家银行在独立经营时有以下三大区别：

- 资产（建筑物和汽车）的使用寿命。CIBC 估计这两类资产的使用寿命分别为 40 年和 4 年，而巴克莱相应的估计分别为 50 年和 5 年。为了消除这一会计账户上的误差，巴克莱对其商誉价值进行了 250 万美元的调整。
- 贷款损失备用金。CIBC 将直接备用金用于贷款损失准备，通过每笔贷款的审查，以及与对标证券进行贴现来确定备用金支取额。巴克莱则是根据历史数据，对固有风险预留一般备用金。这一政策差异使 CIBC 的商誉价值减少了 1 100 万美元。
- 股票投资。CIBC 在早些时候曾终止了其在特立尼达和多巴哥的业务，并将业务出售给了共和银行（Republic Bank），以获得共和银行的股份。这笔投资按照收购时 2 200 万美元的花费计入了 CIBCWIH 的会计账户。该笔投资现在的公允价值为 5 600 万美元。

会计与财务系统

现在的 CIBC 是几年前重组的结果。重组后的新公司采用了新的会计与财务系统和会计分类标准。使用新的会计分类标准必须得到多伦多总部的授权。此外，由于 CIBC 的三个子公司已经在区域证券交易所上市，因此，持续提供更加及时和准确的信息变得尤为重要。为了满足这些要求，CIBC 采用了既能够满足当前需要、也能够按照国际会计准则制作账目的现代会计与财务系统。

然而，就巴克莱在加勒比地区的分行而言，它们似乎并未对先进的系统给予足够的重视。据报道，截至 2001 年，巴克莱彼时的会计与财务系统（brains system）已经使用了二十多年。而且，整个区域的会计报表也缺乏统一性，难以进行比较和分析。

因此，合并后的新公司除使用 CIBC 的会计系统之外，别无选择。

合规要求

（1）监管报告。虽然银行业务遍布加勒比地区的 14 个国家（地区），但该地区却只有 8 个监管机构，因为东加勒比的多个国家（地区）受同一个监管机构的监管，即东加勒比中央银行（The Eastern Caribbean Central Bank）。有独立监管机构的国家（地区）包括巴哈马、巴巴多斯、伯利兹、英属维尔京群岛、开曼群岛、牙买加、特克斯和凯科斯群岛。

就 CIBC 而言，位于巴哈马、开曼群岛和牙买加等地的分行独立编写监管报告，其他所有报告都是在巴巴多斯完成的。然而，巴克莱的所有监管报告都是在巴巴多斯完成的，巴巴多斯分行作为区域分行履行职责。

（2）对外报告。由于 CIBCWIH、CIBC 巴哈马有限公司和 CIBC 牙买加有限公司都是上市公司，所以它们必须为股东发布年度和季度报告。但巴克莱没有这一任务要求，因为巴克莱各个分行的会计账户已与总行账户相互整合。此外，巴克莱也不需要公布分支机构在各自区域内的账户。

结　论

掌握了以上这些信息之后，伯莱里准备把他的行动计划提交给里维埃尔。他将自己的精力集中在合并决议上，思考采用什么媒介来促成合并交易，以及如何统一两大银行的财务报表（见表3.3、表3.4）。伯莱里走向里维埃尔时，他脑海中所思索的其他问题包括：新公司会计和财务系统的选择、人员的配备、新制度的过渡、商誉的处理，以及合并后 CIBCWIH 中小股东的权益。

表 3.3　备考资产负债表

（时间：2002 年 4 月 30 日）

（单位：千美元）

	CIBCWIH	巴克莱加勒比分行
总资产	3 694 470	5 312 015
现金和投资	1 677 577	3 285 836
贷款和垫款	1 877 761	1 892 967
房产和设备	63 453	50 249
其他资产	75 679	82 963

（续表）

	CIBCWIH	巴克莱加勒比分行
总负债	3 340 176	5 178 412
存款	3 289 094	5 096 455
其他负债	51 082	81 957
少数股东权益	19 387	—
股东权益	334 907	133 603
资本和储备资金	158 190	18 797
留存收益	176 717	114 806

附注：依据《国际会计准则——金融工具：确认与计量》，本报表中CIBCWIH的投资、留存收益与储备资金将分别增加6 320万美元、4 990万美元和1 330万美元。这是股市交易中公允价值波动所引起的。储备资金的重估变动将在整合（合并）账目里被撤回。

表3.4 备考损益表

（期间：2001年11月1日至2002年4月30日）

（单位：千美元）

	CIBCWIH	巴克莱加勒比分行
总收入	88 512	99 428
利息收入	112 353	121 439
利息费用	46 259	47 702
净利息收入	66 094	73 737
非利息收入	22 418	25 691
非利息费用	58 592	66 576
工人薪酬与行政人员费用	26 013	30 580
其他经营费用	16 163	19 363
固定资产折旧	12 401	7 291
预测信贷损失	4 015	9 342
税后利润	29 224	29 033
税前利润	29 920	32 852

	CIBCWIH	巴克莱加勒比分行
所得税	696	3 819
少数股东损益	1 807	—
净收益	27 417	29 033

(续表)

附注：

① 合并会导致额外现金投资的利息收入增加397.5万美元，贷方增加333.3万美元（巴克莱向第一加勒比支付的年度费用1 000万美元的三分之一），第一加勒比存款与巴克莱银行资本将保持平衡。

② 整合过程所产生费用中的180万美元将分摊给第一加勒比。

③ 所得税合并调整的费用为38.6万美元，其中不包括商誉的摊销。

④ 巴克莱向第一加勒比支付的少数股权价值21.7万美元。

注释

1. *Information gathered on FirstCaribbean Bank, CIBC and Barclays Plc. can be found at* www.bahamas. Barclays.co.uk/Caribbean-history and www.firstbaribbeanbank.com/news_article.html.

2. 本章中，若无特别说明，计量单位均为美元。

第4章

建立尼龙搭扣式组织:通过整合和保持组织整体效率创造价值

本案例由 Joseph L. Bower 撰写。本案例仅作为课堂讨论材料，作者无意暗示某种管理行为是否有效。作者对真实姓名等信息进行了必要的掩饰性处理。

未经 Richard Ivey School of Business Foundation 书面授权，禁止任何形式的复制、收藏或转载。本内容不属于任何版权组织授权范围。如需订购、复制或引用有关资料，请联系 Ivey Publishing，Richard Ivey School of Business Foundation，The University of Western Ontario，London，Ontario，Canada，N6A3K7；Phone：(519) 661-3208；Fax：(519) 661-3882；E-mail：cases@ivey.uwo.ca。

Copyright © 2011, Richard Ivey School of Business Foundation

版本：2011-10-9

第 4 章　建立尼龙搭扣式组织：通过整合和保持组织整体效率创造价值

在如今全球化的商业环境中，公司若想变得更加灵活，其基础结构要像尼龙搭扣（velcro）一样，具有一定的凝聚力和可操作性，以便在环境和战略需要时进行重组。但是开发尼龙搭扣式的基础结构需要强大的知识基础，对此，约瑟夫·L. 鲍尔（Joseph L. Bower）[1]为高管提供了一些有用的建议。

1996 年的冬天，娱乐业巨头维亚康姆（Viacom）在弗兰克·比昂迪（Frank Biondi）的领导下蓬勃发展。通过派拉蒙（Paramount）影视公司和音乐电视网（MTV）、尼克国际儿童频道（Nickelodeon），以及 VH1 电视音乐频道的成功，维亚康姆这一娱乐内容的全球制造商和分销商展示了其坚实的战略基础。派拉蒙的电影本身就是赚钱的，但是当这些电影以"图书馆形式"被出售给国际有线电视网络时，它们的利润更加丰厚，因为好莱坞电影带给这种电视网络的吸引力是难以抗拒的。反过来，做音乐视频娱乐的音乐电视品牌在世界范围内也非常受欢迎。比昂迪将这些业务作为独立的部门进行管理，辅以周密的计划、严格的财务控制、快速的决策，并为高层管理人员提供高绩效激励。

即将出现的唯一战略威胁是鲁珀特·默多克（Rupert Murdoch）的新闻集团（News Corporation）。默多克的战略以卫星平台的垄断控制、用于分销网络和电影内容的电缆分布为基础。他还收购了福克斯电视台（Fox studios）来增强实力。音乐电视网和尼克国际儿童频道的国际部门发现，在默多克控制分销的地方，音乐电视网和尼克国际儿童频道的相关品牌吸引观众的力量是有限的。它们需要借助姊妹部门派拉蒙的力量,与默多克控制的分销商进行谈判,才能获得一个可以接受的方案。

当德国出版和视频巨头基希(Kirch)重新与派拉蒙商讨协定时,尼克国际儿童频道认为这是一次渗透德国市场的机会,并有一定的杠杆效应。音乐电视网也十分关注这笔交易。然而,派拉蒙对此并不感兴趣,并开始独立谈判一项价值10亿美元的交易。1996年的整个秋天,由于比昂迪试图让各部门自行完成交易,每个部门都为此开始担忧。

最后,在次年1月份,维亚康姆控股股东兼董事长萨默·雷德斯通(Sumner Redstone)在解雇比昂迪后,前往欧洲与基希及其竞争对手见面,并组织了一场派拉蒙产品的拍卖活动。在接下来的一个月内,他就完成了包括尼克国际儿童频道和音乐电视网在内的20亿美元交易。

这一系列的重大决策凸显了当今全球大型跨国公司管理者面临的诸多挑战。首先是全球化市场的规模效应、世界级的产品质量要求和成本。像音乐电视网这样积极进取的先行者,可以将美国流行音乐带到世界上大多数国家。流动的资本和技术使得想要进取的公司可以在全球范围内实施他们的战略。默多克基于自身的卫星平台,可以在英国、印度、中国、澳大利亚、美国和拉丁美洲进行节目编制,而只有在美国,反托拉斯法才会严格限制这一行为。其次,在汽车、化工、钢铁等较为成熟的行业,工业化国家以出口为导向的增长战略使相关市场竞争激烈,但本土市场仍然为国际资本敞开了大门。最后,在全球市场中还存在一个"赢家通吃"的现象。随着工业和零售业的全球品牌逐渐被消费者熟悉,人们似乎会长期选择小部分品牌,这使得较小的公司处于竞争劣势。

在这种情况下,公司管理层需要确保其业务运营部门达到世界级的绩效标准,同时还要确保通过战略整合创造机会和价值。大公司必须以小模块的形式组织起来,以便让管理者在激烈的竞争中为部门提供有力支持。

第 4 章　建立尼龙搭扣式组织：通过整合和保持组织整体效率创造价值

管理者们通过战略业务单元（strategic business unit，SBU）和区域组织来管理经营活动。他们通常会像维亚康姆的管理者一样，通过周密计划、评估绩效及激励性薪酬奖励来达到目标。最近，管理者们倾向于以经济增加值（economic value added，EVA）作为绩效衡量标准，该指标将资本费用与外部资本成本进行比较，以达到评估目的。

但和维亚康姆一样，大多数企业面临机会时，需要运营部门联手，才能将相关业务进行纵向联结；通过相似群体的合作，才能产生横向的杠杆效应。除此之外，还有一种愈发重要的能力，就是会识别那些由于产业及市场的边界模糊化而引发的机会。数字化融合就是一个例子，而放松管制导致的金融产品边界不清则是另一个例子。这些公司面临的问题与比昂迪所处的困境相似，各个业务部门的管理者往往觉得基于合作经营的激励非常有限。的确，高绩效的激励使他们更专注于单个公司目标。由于无法量化跨业务单元协作的收益，以经济增加值为标准的薪酬制度在这方面尤其有害。

在维亚康姆的案例中，雷德斯通以公司所有者的身份直接介入，为整个交易、而不是某个部分进行谈判。这里要解决的问题是：公司管理层如何才能不费吹灰之力地不断整合和重组资源，既抓住打破现有业务部门边界的新机会，同时又能保持现有业务的管理效率？为了解决绩效任务与战略整合之间明显的矛盾，就需要用到我所说的"尼龙搭扣式组织"。

勾勒管理问题

根据我的研究和经验，做到"两全其美"并不是一蹴而就的。公司必须加强提高运作公司资源的能力和业务单元绩效（见图 4.1）。

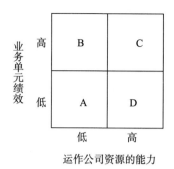

图 4.1　公司优势维度

大多数业务单元管理系统是为了帮助企业从 A 向 B 转移。试图从 A 直接转移到 D 的企业注定失败，这是因为跨单元工作需要极强的运作公司资源能力，业务单元绩效低的公司很少有管理协作所需的"额外能力"。反之，公司可以通过使用为重组开发的工具库来提高各个业务单元的绩效，这些工具库包括全面质量管理（total quality management，TQM）、作业成本分析（activity based costing，ABC），以及经济增加值模型（economic value added，EVA）。具有讽刺意味的是，在改进这些基础结构的过程中，管理者往往会将注意力转移到需要撬动公司资源的战略机会上，而给改进基础结构带来阻碍。

例如，营销服务巨头 WPP 集团（Wire & Plastic Products Group）的成功是建立在通过其子公司的合作，为其庞大的跨国客户群体提供一整套服务方案的战略前提上的。但是，这些最重要的子公司的管理者都把努力的重点放在了获取业务和提高盈利能力上，因为这就是他们报酬的来源。并且在很大程度上，这也是在华尔街对其母公司进行估值的过程中，他们所能做出的贡献。一位管理者说："我们和一家小型姊妹公司待上一个小时，可以敲定 400 万美元的生意；但我们如果花一个小时的时间和一个客户商谈，也许能达成 2 500 万美元的生意。"那么，从 A 转移到 D 的激励在哪里？至少同样重要的是，调整其自身运营为全球客户提供服务，从而盈

第 4 章　建立尼龙搭扣式组织：通过整合和保持组织整体效率创造价值

利，需要对各个子公司的管理模式进行艰难的改变。更好的资源分配和紧密的全球协作意味着管理者的工作将不得不随之改变。这就要求管理者更加关注子公司的需求，而不是仅仅关注一些短暂的跨子公司合作项目。可见从 A 转移到 B 十分困难。

回到维亚康姆的例子，此次交易涉及派拉蒙的部门利益及其负责人巨大的个人利益，成功的交易将为企业带来十年以上的收入流。根据薪酬结构，出色的部门绩效可以为负责人带来高额奖金（相当于其薪水的 3 倍，要知道他原本的薪水就很丰厚了）。当因为其他同事的需求减缓了交易达成时，负责人很容易为此感到挫败。

在另一项研究中，我们发现，在当地的一家日报企图发展"在线业务"的案例中，支持传统报纸的组织（如广告销售、新闻编辑）都不支持这项风险投资。他们担心自己的业务将被蚕食，销售工作和编辑工作的价值受到损害，而不关心其母公司是否失去了一个巨大的机遇。因此，为什么要合作呢？

这些战略整合中的障碍之所以令人不安，是因为在竞争激烈的情况下，卓越的竞争对手通常会竭力改善质量、提升生产效率，并从中获益。如果很多公司从 A 转移到 B，那么消费者将成为最大受益者。在当今世界，产品和流程创新带来了前所未有的收益。而这一切通常需要重新整合，尤其是要共享资源和能力，才能获得成功。我们如何能到达 D？这里谈论的是投资收益，而不是股东的总权益。在《创造性破坏》（*Creative Destruction*）一书中，理查德·福斯特（Richard Foster）和萨拉·卡普兰（Sarah Kaplan）强调并举例说明了创新对总收益的重要性。他们发现，唯有使用创新手段，才能获得高于平均水平的收益，因为股票市场能够很快知悉平均收益背后的运作模式并进行市场估值，从而使收益平均化。

形成运作公司资源的能力

这很难实现！当我们试图将"公司结构随战略调整"这一经典的方法应用到现代跨国公司的战略需求清单时，组织设计的本质问题就变得很清楚了。为了突出这些问题，我在表4.1中列出了一系列战略需求，以及企业为应对这些需求给出的传统解决方案。很明显，公司不能只用一种组织安排来完成表格右栏的所有方案。

表 4.1 战略需求与传统解决方案

战略需求	传统解决方案
实现规模优势	
财务	按职能组织
全球品牌	按产品事业部组织
世界级、最小化的效率规模工厂	按职能组织
减少延迟风险	按生产阶段组织，并垂直整合
减少固定资产过时风险	外包
共享本土经验（拉近与当地客户的距离）	按地理位置组织强大的区域公司
共享专业技术知识	按职能组织
实现分销经济	按职能或者流程组织

这些战略需求的最初解决方案源于第一次世界大战后的杜邦公司（DuPont），并于20世纪50年代被通用电气公司（General Electric Company，GE）以产品事业部的形式推广开来。通用电气公司由几个重要的产品事业部组成，每个产品事业部都有独立且强大的职能部门。为了实现职能性专业知识的跨部门共享，需要职能人员进行有力协调。到了20世纪80年代，

第4章　建立尼龙搭扣式组织：通过整合和保持组织整体效率创造价值

人们发现这种方法对于有效发展业务战略而言太过碎片化，在实际的市场竞争中显得费时费力。

矩阵组织：经典的解决方案

然而，即使在20世纪60年代，一些真正缺乏职能型专家的公司也发现，要打破现有的职能部门运行模式，将其拆分到各产品事业部也是不可行的。特别是，高科技和国防业务承包商发现，他们同时需要强大的职能部门和产品部门。经典的解决方案是使用"矩阵组织"，其中的很多管理者都分布在职能部门和产品部中。在20世纪70和80年代，许多跨国公司都采用了这一方案：一个区域的产品负责人要同时向其所在地的区域经理和总部的产品经理汇报工作。

时至今日，仍有很多公司在使用矩阵组织。在ABB，珀西·巴内维克（Percy Barnevik）将"矩阵组织"作为企业转型的关键要素。ABB拥有450个与现代企业报告系统互通的盈利中心，所以各地的产品经理不得不面对利润压力。同时，ABB还有一个小型领导团队，他们的任务是确保公司全球活动的战略意义。通过强大的区域组织为本土客户提供高端全球品牌产品的联合利华，也采用了类似的组织形式。

很多人在讨论矩阵组织时，都认为该模式难以管理，并且会减缓决策速度。这是因为，管理者一直处于产品和职能或产品和区域的交点，难以同时满足两位老板的要求，尤其当每个老板都根据绩效激励机制支付薪酬时，管理者的处境就变得更加困难。通常还会存在另一个问题：区域经理、产品经理、品牌经理究竟分别负责什么？在我研究过的一家跨国耐用消费品制造及分销商案例中，区域经理负责当地产品定价、广告、促销和谈判等与大型零售商和工厂相关的事宜；产品经理控制产品线、研发预算和生产计划；品牌经理则按照区域经理制定的产品市场计划执行品牌战略。他们会召集会议解决问题，但除此之外没有其他的职能。更糟糕的是，碎片化地使用和开发营销资源削弱了品牌的潜力。

当然，要在多个国家、多个产品线开展业务，企业需要考虑的将是一个矩阵化的问题，这无疑是一项挑战。跨国公司需要依靠能够敏锐感知当地竞争环境的职能部门，达到世界一流的绩效水平。高科技公司必须在各个项目间调配稀缺的技术人才。管理者只有时刻将同事的需求牢记于心，才能实现这些目标。这就意味着管理者知道什么时候拿起电话，说："我有以下的挑战，这些就是我想做的事情，但在计划开始之前，我想知道它们会给你带来什么困扰？或许我可以修改我的计划。"或者说："如果你……会让我没完没了地……"这个矩阵必须作为一个要解决的问题印在他们的脑海当中，而不是像某种固定接线图停留在纸上。

如果在现代薪酬绩效体系下，管理者的目光集中在职能和业务单元季度绩效评估上，上述合作会变得尤为困难。因为这样的体系与各业务单元的成本、收益率或客户渗透率等量化指标挂钩。当指标要求过高，尤其业务部门严格使用以经济增加值为标准的薪酬体系时，高层管理者很难让步，他们会考虑更高层次的跨部门或跨企业需求。在本文所提到的维亚康姆的案例中，数百万美元的薪酬很难得到保证。

公司需要的正是我所说的尼龙搭扣式组织，它可以为管理者提供一个稳固且明晰的组织结构，以便让管理者在适当的时候互相合作，同时还可以通过配置的快速转换，让管理者能够在需要时转换到不同的组织结构。就像尼龙搭扣扣紧固件一样，当管理者处于操作模式时，这种结构应该保持牢固，但是当管理者需要根据战略临时开展项目、学习或开发新业务时，又能够"初始化"，然后重新组合。

第 4 章　建立尼龙搭扣式组织：通过整合和保持组织整体效率创造价值

尼龙搭扣式组织

当我和公司领导谈到尼龙搭扣式组织的想法时，他们的反应通常是积极的。"没错，"他们说，"可是我该怎么建立这一组织呢？"问题在于实操上具有难度。你不能只是设计一个尼龙搭扣式组织，然后套用于你的公司。还有一系列必须具备的条件：

- 管理者的头脑中必须形成战略矩阵。管理者需要了解公司的不同目标，并根据这些目标扮演需要的角色。这意味着他们需要理解公司的整体战略，以及与其角色相关的业务单元战略。
- 公司成员意识到了公司中的技术应当和发展愿景相结合，明白如何为公司做出贡献，以及彼此之间为什么要相互合作，而不是一味竞争。
- 管理者们知道公司的技术分布在哪些领域，并足够信任技术人才。他们清楚公司的人才储备，并知道如何利用人才资源。
- 在以结果为导向的评估系统下，无论以哪一种方式处理数据，都可以获得相同的绩效评估结果。当用不同组织单元的视角对同一个结果进行评估时，得到的是不同的评估结果，对此，应该召开会议探明背后的原因。
- 与战略有效性的评估一样，薪酬评估也需要以结果为导向，而不是基于投入过程、部门目标展开评估。优秀的管理者有时会忽略薪酬体系对员工个人报酬的影响，员工难以依靠管理层善意获得可持续的、系统性的结果。
- 工作环境必须包含诸如坦率和基于事实解决问题的价值观。霸道的人、过于激进或过于保守的人都可能会破坏尼龙搭扣式的组织结构。

培养这些能力需要时间和承诺，在一个规模不断缩减或毫不变通的绩效薪酬系统中，可能无法培养出这些能力。在这种情况下，人们会过分专注于实现他们的承诺，而忽视一起工作的好处。在艾尔·邓洛普（Al Dunlop）的阳光公司（Sunbeam）和安然公司（Enron）中都存在这种极端例子。在这些实例中，非法行为似乎都源于管理者因追逐短期业绩而形成的长期无谓压力。

但是，在相对健康的工作环境中，管理者可能更加重视削减短期成本和组织重构。此时，必须将推行尼龙搭扣式组织的计划延后。在我对通用电气公司的研究中，杰克·韦尔奇（Jack Welch）在20世纪80年代末试图在通用电气公司中建立具有积极价值的无边界组织，但是这种在当时被称为"裁员和结构扁平化"的组织模式在那个年代是无法实现的。

换句话说，一定的业务健康度和竞争力是建立尼龙搭扣式组织的先决条件。

通过对比足球和橄榄球两项运动，可以很好地理解尼龙搭扣式组织如何发挥作用。足球是一个位置游戏，不同的球员有特定的天赋和角色，他们要坚守自己的位置，将球传递给他们可以信赖的其他位置的队友。橄榄球则不同，球员虽然有特定的位置，但是当防守变得松散时，他们可以跑去拿球，然后通过位置的重新组合不断推进比赛。优秀的公司也可以做到这样的事情，因为管理者知道，为了达到某些目的（通常与计划和运营有关），他们必须以可预见的方式执行指定的任务，但在其他任务中，他们必须利用自身知识和技能来应对跨部门的挑战。之所以能这样做，是因为他们了解公司每个角色正在努力实现的目标。

第 4 章　建立尼龙搭扣式组织：通过整合和保持组织整体效率创造价值

我们如何获得这些能力？

首先要接受韦尔奇的观点。如果你的公司由一个复杂的官僚机构管理，人满为患，而且各个业务单元和职能部门都不具备竞争力，则无法通过调整组织安排使状况得以改善。我们并不需要通过成为通用电气公司的股东来理解这一点。回到之前的讨论，你不能直接从 A 转移到 D。

分享策略

使员工对公司的发展目标和各个业务部门的具体竞争策略达成共识，是每一位公司领导的重要责任。让管理者参与策略的制定是达成这一目的最有效的方法，除此之外还需要沟通。追求跨部门运营能力的管理者花费大量的时间来解释他们对市场的态度和公司选择的竞争策略。他们到公司内外各个地方讲述这些故事，但这些故事并不包括具体的交易或者计划。有时候，这被称为"愿景"，但是如果设计得当，"愿景"可以帮助组织中的管理者学会描述他们所面临的具体问题。

我最喜欢的例子是韦尔奇所说的"我们做的所有业务都要做到全球第一或第二"。在韦尔奇的任期内，通用电气公司制订了详尽的战略计划。但是，好的绩效意味着公司的增长速度要比美国国民生产总值的增长速度快 25%，并且要高于上一年的利润目标。竞争来自寻求投资基金的其他部门。简而言之，韦尔奇将管理者的注意力重新聚焦在了全球竞争对手和成为全球第一或第二的战略挑战上。这是一场战略方针的革命。

根据韦尔奇的逻辑——"如果你不是数一数二的，要么整顿，要么停业或出售",通用电气公司每个业务部门的管理者都明白自己的角色。他们可能对自己被分到的部门不满意,但他们能够理解这一结果。有趣的是,十年半之后,通用电气公司发现,成为全球第一或第二的要求正在扭曲业务部门在无法确保领先份额的市场上评估各种机会的方式。一项新的战略方针被提上了议程。

认识到运作公司资源的力量

确定战略方针是建立尼龙搭扣式组织的先决条件之一,另一个条件是,其他业务部门有能力提供帮助。为此,当面对另一个部门的"新面孔"时,必须要克服"排斥"这一本能反应。这种本能反应是保护自家地盘、敝帚自珍(Not Invented Here Syndrome)和不信任陌生人的夹杂反应。

在 WPP,与其他子公司合作意味着账单共享和信贷共享。负责损益类账户的管理者本能地看到了属于他们的商业机会,就像他们坚信富有创造力的人才属于他们而不是其他合资企业一样。有些专家把其他子公司中有实力的员工看作竞争者,而不是可以互相学习的同事。负责大量长期业务的客户经理也不愿意将拥有自己不熟悉技术的其他人员纳入自身团队。公司试图通过最佳实践分享、知识管理和临时安排的措施来克服这些天然障碍。尽管许多公司都按照专业创建了成员目录(现在绝大多数都是网络化的),挑战在于如何让管理者使用它们。

在 WPP,公司要求优秀的专家在其领域举办跨事业部的研讨会,其他部门的专家可以在会上通过案例研究来展示新的思路或做法。经过两天的讨论和交流,那些名不见经传者的才能和价值变得非常突出。这些研讨会促成了线上社区的建立,参与者可以通过这些社区跨越相当长的地理距离和相当大的部门差异继续合作。此外,WPP 还设立了一项竞赛,为最成功的跨国分支机构客户项目提供大量现金奖励。

在上述案例中均创建了"虚拟公司",为一些临时合作的组织提供了统一的市场形象,以响应客户对跨学科项目的需求。其中,The Common Health 在医疗保健领域已经连续几年获得最高的收入。

麦肯锡创建了一个由行业专家、职能专家和运营专家组成的高级知识社区,这使得世界各地的专家顾问可以发挥自身才能,承接客户项目,并开发新的市场产品。管理咨询公司埃森哲已投资了一个基于网络的知识共享系统,以使多方获得共同利益。

从意识到信任

事实上,麦肯锡所面临的挑战与 WPP 截然不同。与高盛和作为商业银行的摩根大通一样,麦肯锡强调自身是一家独立的全球型企业。员工们经常与"合作伙伴"一同服务世界另一端的客户。这种合作的最大障碍是专家们十分忙碌,并且希望能够在创新中获得专业和经济上的认可。培训会、研讨会和线上的知识库及社区的出现,使得人们更容易且习惯以一种在文化中根深蒂固的方式行事。

WPP 是当今通过收购组建而成的典型企业,华尔街将其称为"营销行业和服务行业的融合体"。虽然战略明确要求,企业要与职能不同的其他子公司合作,以更好地为巨型跨国客户服务,但子公司间的合作仍存在巨大障碍。WPP 的某些部门,如拥有 120 年深厚历史文化的汤普森(J.W. Thompson),为了生意直接与奥美广告(Ogilvy & Mather)以及扬·罗必凯(Young & Rubican)等其他事业部竞争。这是因为,这些部门管理者的现金薪酬与其所在的子公司业绩挂钩,并且他们还拥有基于集团业绩的股票期权。虽然这些巨头很少合作,但利用上述知识和资源可以更全面、有效地为全球客户提供服务。WPP 从不报告合作活动的销售或利润情况，但会在其年度报告中将各部门的贡献体现出来。访谈表明，管理者之所以支持这一倡议，是因为这样他们能够避免孤军奋战，也因为他们懂得了如何最大化资源的价值，为客户提供良好的服务。

在维亚康姆，派拉蒙、尼克国际儿童频道与西蒙·舒斯特公司（Simon & Schuster）合作了很多项目。为电视节目开发的卡通人物一直是电影和书籍中的主角，这使得维亚康姆无须花费惊人的成本来邀请明星，就可以制作出高利润电影。

有效的企业评估

人们通常认为，用适当的数据来检查跨业务问题是技术性的、枯燥乏味的会计问题，这是错误的看法。处理战略问题十分困难，当一个人被迫对未来做出决策时，当前绩效和它所代表的趋势都是十分重要的。"我们在哪里赚钱"是一个关键的问题，"我们如何赚钱"也同样重要。可悲的是，许多公司并不知道这两个问题的答案。有时，他们不会收集能够使员工了解业务活动成本的数据。此外收集数据的成本也可能很难与收益匹配。在当今的制造业，多数企业的劳动力成本只占其生产成本的一小部分，固定成本大多取决于劳动效率。在服务行业，知识型人才是固定成本，而时间的有效利用率往往被忽视掉了。

即使企业相信他们有能力评估不同业务的盈利能力，但还是会产生一个问题，就是这个评估结果会随着评估立场的不同而不同。不可能存在区域经理看来有利可图、在产品经理眼中却不赚钱的业务。要在没有其他数据的情况下做出正确的战略判断十分困难。

第 4 章　建立尼龙搭扣式组织：通过整合和保持组织整体效率创造价值

在按部门分配利润时，转让价格和分配额可能会使这一问题更加严重。当会计政策发挥主导作用时，决策就会偏离战略路线，而陷入数字争议。在一次金融服务公司的高层管理会议中，我请一位刚从主要竞争对手那里跳槽过来的高层管理人员，说明新产品开发和投入市场的速度，他指出："在我以前的公司，我们需要几个月的时间来弄清楚如何确定成本和利润的分配，而此时竞争对手已经进入市场了。在这里，我们只需要讨论产品是否优质，以及如何出售，然后去做。因为我们相信作为 CEO 的麦克斯会公平分配。"

当企业决定改进其信息系统时，将面临另一个严重的问题。构建一个有效的企业报告系统需要投入大量的资金和时间，并且要面对巨大的风险。有很多公司在 2—3 年内投资数千万甚至数亿美元，试图建立有效的企业报告系统，最终却没能成功。尽管如此，这样一个系统仍是必需的，但是其中有一个问题——薪酬需要密切关注。

薪　酬

在尼龙搭扣式组织成功应用于企业的因素中，没有任何一个因素比薪酬更重要，因为管理者会努力去做能够获得报酬的事情。许多公司已经花了相当长的时间来设计高激励薪酬体系，以达到他们的目标。只有达成部门目标才可以获得 100% 的奖金。在不考虑股票期权的情况下，超额完成目标的奖金可以达到这个数字的两三倍。在这种薪酬制度中，管理者只会专注于自己的部门目标，这并不奇怪。

当薪酬制度使管理者职位转换更灵活时，管理者们才能够真正站在他人的角度考虑问题。这样的薪酬制度具有以下几个特点：

- **很大一部分可变薪酬是基于公司的整体绩效，而不是业务部门的绩效**。这是显而易见的，但有大量公司表示，他们希望管理者既能够具有公司全局的视角，又要考虑部门的发展。

- **绩效评估体系包括对跨业务活动的贡献**。虽然在正式的评价体系中插入有关合作的指标很容易，但要付诸实践时，难以避免评价者主观性。更糟的是，外部市场很少意识到这样的贡献。将市场因素机械地纳入薪酬制度时，可能会加剧该制度的狭义化。在尼龙搭扣式组织的薪酬制度中，高层管理人员需要花大量的时间让员工相信主观判断是公平的。

- **基本薪酬和职务随着管理者角色的变化而变化**。依据工作而非管理者职务支付薪酬往往会阻碍跨部门的战略性工作。即便一个新的企业非常重视战略性工作，这一工作在正式的工作评级体系中往往也只会获得较低的"分数"，因为市场中与之相关的直接报告很少，也没有类似的工作，并且收益有限。

- **独立的人力资源部门向 CEO 或 CEO 的直接下属汇报**。这大大有助于确保绩效评估的公平性。如果你与一位高管不合，但他仍会因为人力资源部门的指示而给你加薪或奖励，这就体现了公平性。或者你在某一次争论中败下阵来，但事后证明你是对的，公司会用奖励或晋升的方式向你表示认可，这也体现了公平性。在一个难以变通的线性组织中，补偿性资源完全被掌握在少数派手中，所以，能从企业的视角出发，拥有公平意识是非常难得的。

- **更多非主管职务的人参与绩效评估**。如今许多公司都使用 360 度体系进行绩效评估。要求下属、同级和上级主管（不仅仅是直接上级）对每位管理者进行评估。这些信息用于绩效反馈，并且在一些公司中直接与绩效挂钩。后一种做法不可避免地会产生一些政治行

第 4 章　建立尼龙搭扣式组织：通过整合和保持组织整体效率创造价值

为，需要密切关注。

- **重要的晋升决策要参考跨业务部门意见**。在与迪恩·维特（Dean Witter）合并之前，摩根士丹利提供了一个利用绩效评估和薪酬制度来创造公司视角的有趣例子。虽然公司已经建立，但各部门是按照融资、并购、股票、固定收益和交易等业务组织的。尽管这些部门不同于 WPP 的独立子公司，但它们都是一个个独立的巨头。与此同时，客户也在寻求需要跨部门合作的解决方案，这使领导层陷入了与 WPP 相同的困境。解决方案的一部分是引入 360 度体系，但在摩根士丹利，成功引入这一体系的关键在于各部门的管理者们要聚在一起就谁应当成为公司的掌权人达成共识。正是那些关于摩根士丹利应该往何处去的讨论开启了公司整合的过程。

工作环境

公司的工作环境由三个要素组成：确定员工工作节奏和工作质量的绩效标准；公司形象和经营理念的定义；以人为本的价值观，以及工作感受的定义。为了成功建立尼龙搭扣式组织，绩效标准要高，但是制定方法要明智，公司必须被定义为一个"整体"，价值观必须能够为管理者和专业人员提供足够的合作感，以使普通员工和天才员工的工作得以平衡。

- 这样的人才投资，是为了让员工了解公司，并培养自身需要的技能。在这个过程中，员工会认识公司其他部门的同事，并与之一起工作。
- 员工流动率很低。因此，随着时间的推移，管理者们会拥有一个庞大的员工网络，员工都了解和信任他们，反过来，员工也需要经历管理者的考验。

- 领导由内部晋升，以保证企业高层了解公司的每一位员工。
- 即便给予每个业务经理足够的经营自主权，公司也要时刻将自身视作一个整体。
- 价值体系培养了员工坦诚、诚信的品质，提升了他们思考、合作的能力，虽然在进行策略选择时，经常存在激烈的争论。

例如，通用电气公司CEO"拥有"500名高层管理者，并积极参与他们职业生涯的管理。该公司还致力于"无边界"和多样性的管理。换句话说，"管理"意味着让好的想法在公司内迅速传播，人才、技术和资本被及时安排到任何可以被有效使用的地方。英特尔也是一家鼓励争论的公司，但管理者们应紧跟组织中的任务和项目，以应对公司的战略转变。

当代商业环境变化之快是一个不断被人们讨论的话题。灵活性经常被认为是公司应该追求的优点。但是，对于大公司来说，维护灵活性的价值比实现灵活性更容易。在大多数情况下，公司原有的结构和系统会成为其实现灵活性的障碍。我曾经说过，公司需要考虑它们的结构和系统，比如尼龙搭扣式组织，当这一组织形成后，结构就变得十分稳固，但同时也可以很容易地被重新组合，以适应新的环境和战略。但是，搭建尼龙搭扣式组织的过程并不简单，需要掌握足够的基础知识。只有每个单元运转良好，才能通过合作，发挥集体力量，这是非常困难的工作。此外，要应对当今全球激烈的竞争环境，只有把个人和集体的力量结合起来，才能生存下来并保持繁荣。

第5章

马恒达农业机械公司：收购江铃拖拉机公司

本案例由 R. Chandrasekhar 在 Jean-Louis Schaan 教授的指导下撰写。本案例仅作为课堂讨论材料，作者无意暗示某种管理行为是否有效。作者对真实姓名等信息进行了必要的掩饰性处理。

未经 Richard Ivey School of Business Foundation 书面授权，禁止任何形式的复制、收藏或转载。本内容不属于任何版权组织授权范围。如需订购、复制或引用有关资料，请联系 Ivey Publishing，Richard Ivey School of Business Foundation，The University of Western Ontario，London，Ontario，Canada，N6A3K7；Phone：(519) 661-3208；Fax：(519) 661-3882；E-mail：cases@ivey.uwo.ca。

Copyright © 2017，Richard Ivey School of Business Foundation

版本：2007-03-15

第 5 章　马恒达农业机械公司：收购江铃拖拉机公司

2004 年 6 月，印度最大的拖拉机制造商马恒达有限责任公司（Mahindra & Mahindra Ltd.，以下简称"马恒达"）下属的农业机械公司的总裁 Anjanikumar Choudhari 正面临着管理困境。公司董事会要求他针对"公司是否应该与中国的江铃拖拉机公司合并形成合资企业"这一议题提出建议，这将是马恒达首次进军中国市场的尝试，因此，在与江铃拖拉机公司谈判之前，董事会必须正式通过决议。

Choudhari 早在 1994—1999 年就以联合利华中国区销售总监和联合利华上海销售公司副总裁兼总经理的身份在中国生活了五年。因此，Choudhari 个人很熟悉中国商业环境。虽然董事会才是最后的决策者，但 Choudhari 知道他对该议题的个人意见将对最终决策产生至关重要的影响。他已经审查了由其核心团队准备的一份初步计划，计划主要涉及两个方面：一是重组江铃拖拉机公司，使其步入盈利的正轨；二是将它的运营模式与马恒达整合。

Choudhari 表示，马恒达已经宣布在 2009 年要实现两大目标：一是将其国际销售额占总销售额的比重由不足 5% 提升到 20%；二是成为世界上产量最高的拖拉机生产商（目前排名第五）。

Choudhari 也从其他方面分析了马恒达为什么提出这两个目标。

- 三大拖拉机公司都位于印度，通过国际化的销售网络出口至全世界。
- 马恒达正在巩固其在美国得克萨斯州和佐治亚州新建的拖拉机制造项目。

- 马恒达正计划启动澳大利亚的营销业务，为在布里斯班（澳大利亚东部城市）成立装配工厂做准备。
- 马恒达积极参与并购，特别是在欧洲，有一些激进的并购行为。公司参与了维美德（Valtra，芬兰的一家拖拉机公司）的竞标，引起了媒体的关注，但最终在竞标价格上输给了美国的爱科（AGCO）。
- 马恒达正和罗马尼亚官员洽谈其接管一家国有拖拉机公司的相关事宜。

当前正在考察的中国收购项目，符合马恒达一直以来追求的保持国际竞争力的发展愿景。这一收购也将有助于马恒达销量的增长，提升马恒达在国际拖拉机产业中的销量排名（见表5.1）。

表 5.1 全球大型拖拉机公司

（按首字母顺序排列）

公司	成立年份	总部地址	销量（千辆）		
			2002	2003	2004
爱科	1990	美国佐治亚州	100	—	130
纽荷兰（New Holland）	1831	美国伊利诺伊州	134	—	>140
约翰·迪尔（John Deere & Co）	1837	美国伊利诺伊州	>115	—	>120
久保田公司(Kubota Tractor Co.)	1890	日本大阪	70	—	>75
马恒达	1945	印度孟买	60	50	54
赛迈·道依茨·法尔(SAME)	1927	意大利特雷维格里奥	—	—	—

注：除了单个公司制作的数据统计，目前并没有统一的涵盖全行业的全球拖拉机产业数据。得到不同地区国际公司确切的相关数据难度很大，因此，表中有些数据是根据现有数据估算得出，其中可能不包括加盟商的营业额。例如，上表中显示的爱科集团2004年的销量只包括其当年销量最大的一款产品——Massey Ferguson。

资料来源：M & M 2003—2004 Annual Report, "Summary of Operation", p.48。

第5章 马恒达农业机械公司：收购江铃拖拉机公司

公司背景

马恒达成立于1945年，主要生产多用途运载车，后来的几十年里开始了业务多元化发展。到1990年，它成为一家除了生产吉普车和拖拉机，还涉足石油钻井、轴承、分时度假酒店和仪器装备的公司。在此之前，马恒达一直都是按照职能进行分工，如马恒达的销售人员可同时销售吉普车和拖拉机。

1991年4月，第二代企业家Anand Mahindra被任命为马恒达副总经理，标志着变革的开始。这位哈佛毕业生为公司订立的发展准则是：公司不能长期从事没有全球增长潜力的业务。作为向这一准则靠拢的第一步，公司决定将经营活动按照战略业务单元重组。随着时间的推移，马恒达重组成了四个独立的战略业务单元。到2000年，公司的四个战略业务单元分别是汽车制造、农业机械服务、信息技术服务和金融贸易服务，每个战略业务单元均由总部的董事负责，这些董事都是组织管理委员会中的成员。当时，马恒达已经开始进行横向招聘，1999年进入公司的Choudhari就是首批上任的高管之一。2002—2004年马恒达各业务板块营业额见表5.2。

表5.2 马恒达业务板块营业额（按战略业务单元分类）

截止到3月的会计年度	2004		2003		2002	
	营业额（百万印度卢比）	份额（%）	营业额（百万印度卢比）	份额（%）	营业额（百万印度卢比）	份额（%）
汽车制造	44 048	54.9	31 529	50.9	23 124	42.2
农业机械服务	18 619	23.2	15 938	25.7	17 711	32.3
信息技术服务	7 830	9.8	6 618	10.7	5 590	10.3

(续表)

截止到3月的会计年度	2004 营业额(百万印度卢比)	2004 份额(%)	2003 营业额(百万印度卢比)	2003 份额(%)	2002 营业额(百万印度卢比)	2002 份额(%)
金融贸易服务	3 040	3.7	2 471	4.0	1 867	3.4
其他业务部门	6 670	8.4	5 394	8.7	6 435	11.8
总销售额	80 207	100.0	61 950	100.0	54 727	100.0

资料来源：M&M 2004 Annval Report, p. 124 and 2003 Annval Report, p. 123。

2001年12月，Anand Mahindra担任副总裁兼总经理时，将公司的核心业务定位为农业机械设备和多用途运载车的制造、配送及销售。[1] 2002年，马恒达经历了名为"蓝筹行动"（Operation Blue Chip）的第二轮内部调整，此次调整旨在改进国内运营，为开展国际化业务打好基础。它用两个新的绩效指标替代了原先的绩效指标（市场份额、销售额、利润额等），这两个绩效指标分别是净现金流和资本回报率（return on capital employed, ROCE）。净现金流指标要求每一个战略业务单元在会计年度末上报盈余，作为公司的应付股息。资本回报率指标则要求每个企业高效利用其资金。

Choudhari说：

> 直到2004年4月，在新的会计年度开始之际，公司已准备好步入下一个发展阶段——通过提升自身竞争力、创新性和市场领导力，将公司打造成为全球化企业。营运资金的改善和信用管理制度的实施已经为公司创造了70亿印度卢比[2]的盈余，这也将成为公司全球化收购的战略基金。

2004年3月月末，马恒达的年度综合营业额高达802亿印度卢比，税前利润为56亿印度卢比（见表5.3和表5.4）。

第 5 章 马恒达农业机械公司：收购江铃拖拉机公司

表 5.3 马恒达合并损益表

单位：百万印度卢比

截止到 3 月的会计年度	2004	2003	2002
销售额	80 207	61 950	54 727
消费税	9 736	8 076	7 033
净销售额	70 471	53 874	47 694
未加工材料	38 932	28 406	24 354
人事费用	7 824	6 269	6 063
利息和财务费用	1 643	2 183	1 999
折旧	2 094	2 129	2 153
其他花销	14 409	11 402	11 273
税前利润	5 569	3 484	1 852

资料来源：M&M 2003 Annual Report, p.99 and 2004 Annual Report, p.99。

表 5.4 马恒达合并资产负债表

单位：百万印度卢比

截止到 3 月的会计年度	2004	2003	2002
资金来源	48 782	47 445	45 896
股东资金	20 132	17 805	17 591
风险资本	1 160	1 160	1 160
储备金和盈余	18 972	16 645	16 431
少数股权	2 485	2 369	2 660
贷款资金	24 954	26 292	24 915
递延收入	1 211	979	730
资金花费	48 782	47 445	45 896
固定资产	17 081	18 346	16 699
运行中资本	635	952	3 876
无形资产	643	—	—
投资	5 385	4 430	4 184

(续表)

截止到 3 月的会计年度	2004	2003	2002
流动资产净额	26 301	24 582	22 089
递延税款负债	(1 485)	(1 397)	(1 101)
辅助支出	222	532	149

资料来源：M&M 2004 Annual Report, p. 98 and 2003 Annual Report, p. 99。

注：括号表示负值。

农业机械设备业务

在正式开展"蓝筹行动"之前，马恒达已经开始提升生产率。考虑到 2001 年印度国内拖拉机市场可能进入衰退期，马恒达于 2000 年实施了生产率提升计划，这项计划由麦肯锡命名为"Vishwajeet"，意为世界征服者，旨在通过建立一个具有成本优势的平台以实现两大目标：一个最直接的目标是 2003 年将收支平衡点从 54 000 百万印度卢比降到 35 000 百万印度卢比，确保即使销量下降 30%，马恒达依旧能够盈利；另一个目标则是到 2005 年成为全球化的拖拉机制造商。与前期的预测一致，2001 年印度拖拉机市场进入衰退期，而马恒达公司成了唯一一家当年实现盈利的公司。2003 年，马恒达赢得了戴明奖（Deming Prize），从此成为世界范围内唯一一个获得质量奖的拖拉机制造商。

Choudhari 说：

> 相比马恒达的其他业务，农业机械设备相关的业务将会更快地成为世界范围内的领导者。因为马恒达的农业机械设备已经是国内市场（世界第二大拖拉机市场）的领导者，同时还拥有成本低、工人技能熟练和内部系统及流程健全等优势。

第 5 章　马恒达农业机械公司：收购江铃拖拉机公司

印度拖拉机产业

　　印度是世界第二大拖拉机市场。早在 20 世纪 70 和 80 年代，大多数拖拉机制造商就开始与一些世界知名公司开展技术合作。掌握生产技术后，印度不再进口拖拉机，仅靠本土生产就可满足国内需求。20 世纪 90 年代，印度开始将拖拉机出口到美国等更有竞争力的市场。从 1984 年就引领国内市场的马恒达此时迅速利用这个出口机会，于 1994 年在得克萨斯州汤博尔建立了一个装配厂，产品为 20—60 马力的拖拉机，销售给那些业余农民。

　　在其他地方，印度拖拉机产业根据发动机马力进行分类（见表 5.5）。在印度，有 12 家企业生产拖拉机（见表 5.6），其中 2 家是跨国公司：纽荷兰和约翰·迪尔。这些跨国公司都因没有做好产品定位，而在市场中到处碰壁。印度土地占有的稳固性和农业收入的增长将在未来一段时间内给跨国企业带来更大的利润。

表 5.5　印度拖拉机产业分类

分类	马力	市场占有率（%）	适配性
小型拖拉机	21—30	25	适用于印度北部的软泥地
中型拖拉机	31—40	56	适用于印度南部和西部的硬土地
大型拖拉机	41—50	17	适用于持有较多土地的富有农民，一般在旁遮普和哈里亚纳邦等城市
大型拖拉机	>50	2	适用于承包工程场地，例如运河或水坝的建筑工地

资料来源：www.krchoksey.com/weekender/16102004，accessed July31，2006。

表 5.6　印度拖拉机制造商

排名	公司	2004 销售额（百万印度卢比）	2004 市场占有率（%）	2003 销售额（百万印度卢比）	2003 市场占有率（%）
1	马恒达	49 576	25.9	47 028	27.3
2	旁遮普拖拉机有限公司（Punjab Tractors Ltd）	25 602	13.4	24 275	14.1
3	伊思考特（Escorts）	25 550	13.3	21 013	12.2
4	拖拉机及农场设备有限公司（Tractors & Farm Equipment Ltal）	24 895	13.0	24 465	14.2
5	索纳利卡（Sonalika）	20 021	10.4	16 451	9.5
6	埃契（Eicher）	16 775	8.8	15 821	9.2
7	约翰·迪尔	9 526	5.0	5 189	3.0
8	纽荷兰	7 723	4.0	6 316	3.7
9	HMT 有限公司	5 563	2.9	6 802	3.9
10	天宝（Tempe）	3 910	2.0	3 594	2.1
11	古吉拉特拖拉机公司（Gujarat Tractor Co.）	2 009	1.0	1 247	0.7
12	VST 土地机械公司	517	0.3	333	0.2
	总计	191 667	100.0	172 534	100.0

资料来源：Tractor Manufacturers Association, from M&M company files。

驱使印度拖拉机产业不断发展的因素有很多。由于政府强调增加农业在国内生产总值中的份额，因此农业信贷的流动性逐步提升。据当时预计，到 2007 年，银行网络系统下的农业部门将新增 500 万个借款人[3]。农业企业（例如棉纱生产商）正和农民合作，购买农产品可以得到政府补贴。印度多个地区正在实施大规模的灌溉工程，这意味着优质农田的供应量将在未来增加。基础设施的改进将进一步增加拖拉机在非农活动上的应用，如市政建设。零售金融正在扩大，这也使得终端用户可以更方便地购买拖拉机。印度从自给农业到商业农业的转变过程中，机械化促进了土地的高效使用。

Choudhari 说：

> 印度的拖拉机密度为 11 辆/千公顷，低于世界平均值（19 辆/千公顷）和美国的 27 辆/千公顷。因此，印度国内的拖拉机产业发展潜力依旧十分可观。

全球拖拉机产业

2003 年，全球拖拉机及相关零部件和附件的出口贸易价值约为 86 亿美元（见表 5.7）。全球市场每年生产各种品牌拖拉机 50 万辆，北美是最大的拖拉机市场，占全球拖拉机销量的 27%，其次是印度（21.5%）、西欧（21.2%）和中国（20%）。未来的增长市场在美国、印度、中国、东欧和南美。全球范围内有四家主要的生产公司：纽荷兰、约翰·迪尔、爱科和久保田公司。它们生产优质产品，都是技术领导者，其产品不仅包括农业机械设备（拖拉机），还涉足建筑、林业和商业设备领域。例如，马恒达本身是一家多元化的公司，其拖拉机业务收入仅占公司收入的 25% 左右。

表 5.7　2003 年全球拖拉机出口值

排名	国家/地区	出口（千美元）	占全球出口比（%）
1	英国	1 760 854	20.39
2	美国	1 329 487	15.39
3	德国	1 313 652	15.21
4	意大利	1 132 126	13.11

(续表)

排名	国家/地区	出口（千美元）	占全球出口比（%）
5	日本	967 431	11.20
6	芬兰	372 089	4.31
7	法国	339 898	3.94
8	俄罗斯	297 563	3.45
9	加拿大	232 746	2.69
10	奥地利	119 130	1.38
11	比利时	110 342	1.28
12	墨西哥	68 213	0.79
13	中国	61 840	0.72
14	瑞典	57 891	0.67
15	巴西	55 080	0.64
16	捷克共和国	53 892	0.62
17	波兰	43 641	0.51
18	荷兰	36 091	0.42
19	西班牙	35 774	0.41
20	土耳其	30 129	0.35
21	韩国	30 078	0.35
22	瑞士	22 108	0.26
23	丹麦	21 344	0.25
24	罗马尼亚	21 186	0.25
25	泰国	15 352	0.18
26	印度	14 571	0.17
27	爱尔兰	11 367	0.13
28	新加坡	9 892	0.11
29	阿尔及利亚	9 387	0.11
30	南非	9 356	0.11

(续表)

排名	国家/地区	出口（千美元）	占全球出口比（%）
31	塞尔维亚和黑山	6 734	0.08
32	伊朗	6 699	0.08
33	玻利维亚	5 792	0.07
34	挪威	4 078	0.05
35	马来西亚	2 777	0.03
36	其他	27 705	0.32
	总计	8 636 295	100.00

资料来源：M. Philp Parker, "The World Market for Tractors: A 2003 Global Trade Perspective", INSEAD, www.icongrouponline.com, accessed September 6, 2006。

马恒达农业机械设备的全球化

马恒达的全球化是以向尼泊尔、孟加拉国、斯里兰卡等南亚区域合作联盟国家（South Asian Association for Regional Cooperation, SAARC）出口这一谨慎渐进的方式开始的。尽管该公司早在1994年就在美国建立了制造工厂，但直到马恒达实施"蓝筹行动"，其全球化策略才开始显现。这一行动要求公司增强其国内竞争力，为进入全球市场做准备。2002年，马恒达计划在美国佐治亚州建立装配中心，正式迈出了其全球化的步伐。

Choudhari 说：

全球化模式是经历了一系列的筛选后建立起来的。我们用排除法在特定的国际市场中筛选出我们想要合作的公司。我们使用三种筛选方式（行业筛选、产品/技术筛选、价格/收入筛选）将整个市场分为三类：成交量低但有潜力的市场，成交量高但价格不稳定的市场，以及高科技和高性能的市场。我们主要聚焦于前两种市场，这两种市场主要分布在美国、中国、澳大利亚和非洲。在选择合作伙伴时，我们主要从七个方面进行筛选：产品组合，产品技术，市场占有率，质量体系和流程，可扩展性，管理的开放性，以及负债。

全球化模式见表5.8。

表 5.8 全球化模式

模式	适用市场
经销商	南亚，土耳其，东欧，东南亚
子公司/合资	中国，美国
分公司/直接营销	澳大利亚，新西兰
卫星工厂+政府合伙	非洲
办事处+经销商	东欧

进军中国市场的策略

马恒达从印度派出一个工作团队进入中国，考察拖拉机在中国的市场潜力。马恒达锁定了中国中部的一个省，该省拥有大面积的土地资源，正适合使用马恒达提供的25—75马力的拖拉机。为体现其产品卓越的品质和性能，马恒达将产品以高于在中国的竞争对手（约翰·迪尔）价格20%的标准进行定价。很快，印度管理团队便得出结论，想更有效地赢得中国低价市场，下一步必须要与当地企业结盟、一同生产，以发挥本地优势（如低廉的生产成本）。

Choudhari 称：

如果你是第一次进入中国市场，拥有一个当地的合作伙伴通常会十分有用。我们思考了各种选择，认为与当地企业合资并掌握管理控制权是最好的途径。

第 5 章 马恒达农业机械公司：收购江铃拖拉机公司

马恒达相信本地制造也将会推动其全球化战略，无论如何，若不考虑中国市场的情况，全球化战略都无法奏效。马恒达也曾考虑直接在中国新建工厂，但最终还是放弃了这个想法。

中国的拖拉机市场

20 世纪 50 年代到 60 年代，中国就开始从苏联进口拖拉机。那时中国实行的家庭联产承包责任制不仅完善了土地所有权，也完善了机械所有权。到 1994 年，中国农业机械设备中 71% 属于个人、10% 属于国家、19% 为集体共有。农业机械化提升了农业生产力，使农村富余劳动力能在乡镇企业工作，农业机械设备也成了农民的主要资产。

中国大部分地区的可种植耕地面积小，生产规模也较小。单缸柴油机驱动的手扶拖拉机是最适合中国市场的。这种拖拉机主要在中国的中部、南部和种植大米的部分东北地区适用。除农业活动外，这种拖拉机同时也适用于非农业活动，例如道路建设。这些拖拉机有着灵活的皮带驱动机械动力，可以通过发动机给机械、气阀和发电机提供动力。许多农民用他们的拖拉机可以牵引两吨的拖车进行运输和拖运。

大部分农业机械设备制造商是受原农业部控制的国有企业。由于国家粮食最低限价的调整，农村地区居民收入日益增加，原农业部监管的 11 个行业中，农业机械设备行业是最赚钱的。所有的国有企业都承受着高税收和为广大退休员工发放养老金的双重负担。1996 年，88 家国有企业生产小型拖拉机，其中 16 家企业的生产数量占到了总量的 70%。[4] 此外，行业中还存在很多问题，如产品质量不合格，缺乏行业标准，以及因价格战导致的利润损失等。

Choudhari 说：

一家拖拉机制造商想要在中国取得成功，必须具备四个先决条件：一个好的商业模式以便于监测和控制运营成本，良好的经销网络，适应本地特殊需求的产品，以及良好的品牌形象。

中国的拖拉机市场更偏好动力耕耘机，这种拖拉机每年的销量均在 150 万台以上。小型皮带驱动式拖拉机的年销量为 60 万台，是另一个重要市场。国内大马力拖拉机的年销量固定在 10 万台左右，其中，以 30—80 马力的拖拉机为主（年销量约 7 万台），且正以每年 6%—8% 的增长率增长。大中型齿轮驱动式拖拉机的产销量以每年 6 万台的速度快速增长（当时中国主要的拖拉机制造商见表 5.9）。小型拖拉机市场有较大的潜力，且由于此前农业合作社一直使用的小型皮带驱动式耕耘机的燃值低、污染较大，中国政府一直在努力改善这一情况。因此，马恒达认为中国的小型拖拉机市场有较大的上升空间。

表 5.9 主要中国拖拉机制造商

公司	产品分类（马力）	经销商数量（个）	分类产品市场份额（%）
中国第一拖拉机工程机械集团	20—180	117	18
广东东风汽车集团	20—90	100	7
福田汽车公司	20—180	300	23
约翰·迪尔	>60	—	—
江铃拖拉机	20—30	42	13
纽荷兰（上海）	50—60	—	—

资料来源：公司文件。

中国的拖拉机市场正向大马力拖拉机转型，主要有两个原因：一是土地改革允许持有土地的合并，有条件实现更高的效率；二是农产品价格上升势头强劲，使得更多家庭有能力购买高价拖拉机。中国已向美国出口约

第 5 章　马恒达农业机械公司：收购江铃拖拉机公司

8 000 台 20—30 马力的拖拉机，供园林设计师、高尔夫球场绿化师和业余农民使用。

中国客户细分如下：81% 是民营农场所有者，8% 是国有农场农民，11% 是服务提供者。低于 25 马力拖拉机的客户诉求是低技术、低价格，主要用于轮作、犁地、粉碎和运输。26—49 马力的拖拉机有四轮高耳轮胎，主要用于水稻种植、轮作、粉碎和运输，客户对这类拖拉机的价格较为敏感。50 马力及以上的拖拉机有座舱，并支持四轮驱动、气动刹车等多项功能，主要用于耕作、收割、粉碎和运输。

由于当时中国的银行系统并不发达，拖拉机主要通过经销商进行现金交易，经销商是加盟商，没有独立经营权。因此，中国的拖拉机市场上没有售后保障的概念。

按照 Choudhari 的说法，中国拖拉机市场的规模和未来潜力让其看起来像全球市场中的"蜜罐"（honey pot）。企业大多通过战略联盟，在这片市场中寻得了一席之地。如约翰·迪尔与天津拖拉机制造有限公司联手，在离北京不远的天津成立了合资公司，主要生产 60 马力以上的拖拉机，用本地品牌名 JDT 代替了其原有品牌。对刚进入中国市场的拖拉机制造商来说，保留中国制造的品质是十分普遍的做法。2004 年，中国拖拉机制造商有 100 家处于亟待整顿的无序状况。这为其他企业提供了开拓本地市场的快速轨道。

Choudhari 说：

> 印度公司在印度当地自行新建一个年产能为 4 万台的拖拉机工厂，需要花费 1 100 万美元。而印度公司在中国建造一个类似的工厂则要多花费 50%—100%。因此，找到一个当地的合作伙伴将是一个明智的选择，尤其是与政府合作，因为政府不仅拥有大部分当地的拖拉机资源，而且还具有管理权。

收购目标：江铃拖拉机公司

马恒达团队在中国选出了 8—10 个收购的备选公司，后面削减到 3 个，江铃拖拉机公司便是其中一个。

公司历史

江铃拖拉机公司位于江西南昌，是江铃汽车集团（Jiangling Motor Company Group，JMCG）的一部分，它是一家国有企业，美国福特汽车公司持有其 30% 的股份。江铃汽车集团主要生产轻型卡车、皮卡车和面包车。它生产拖拉机所需的设备主要来自营业状况衰退的江西拖拉机＆卡车有限公司，该公司主要生产 18—33 马力的丰收牌拖拉机。2000 年，江铃拖拉机公司开始重新生产拖拉机，并于 2002 年在南昌建造了一家新厂房。江铃拖拉机公司主要经营 20—30 马力的拖拉机业务，每年可生产 10 000 辆拖拉机和 3 000 台发动机。这些产品由 42 家经销商分销，公司经营状况见表 5.10。

表 5.10 江铃拖拉机公司损益表

	2004 年*		截至 2004 年 7 月		2003 年	
成交量（辆）	2 550	1 515	1 477			
国内	1 940	1 051	1 162			
出口	610	464	315			
	金额（元）	占销售额比重（%）	金额（元）	占销售额比重（%）	金额（元）	占销售额比重（%）
销售额	61 290 133	100.0	28 863 602	100.0	26 408 065	100.0
一成本	54 542 888	89.0	29 259 429	101.1	29 338 207	111.1

(续表)

	2004 年*		截至 2004 年 7 月		2003 年	
—销售费用	2 250 000	3.7	931 606	3.2	2 149 195	8.1
—管理费用	27 594 513	46.0	11 693 004	40.5	49 792 484	188.6
—财务费用	5 901 928	9.6	4 154 534	14.4	2 820 234	10.7
运营利润	(28 999 196)	(47.3)	17 174 971	(59.5)	57 692 055	(218.5)
其他收入	—	—	780 595	—	(6 007 217)	—
税前收入	(28 999 196)	—	(16 394 376)	—	(63 699 272)	—

资料来源：公司文件。

注：*表示估计数据；括号表示负值。

2004 年，由于生产效率低下、劳动力过剩和成本增加，江铃拖拉机公司再次陷入危机。2003 年 7 月月底，公司产量下降至 1 477 辆，估计到 2004 年 7 月底才能略有好转。公司 710 名员工中近一半的员工是多余的。2004 年，江铃拖拉机公司为江铃汽车集团创造的营业额从 10 亿美元跌到了 350 万美元。2004 年年中，江铃拖拉机公司生产陷入了停滞状态。江铃汽车集团雄心勃勃地扩张其汽车业务主线，并决定削减其子公司 80% 的拖拉机产量。政府也有意退出拖拉机市场，因此对马恒达开展了尽职调查。

战　略

江铃拖拉机公司建立了竞争对手产品的数据库，并定期更新，每到合适的时机，公司就着手逆向工程（reverse engineering）并和供应商研发制造类似的产品。同时，公司也和当地大学合作，开展新技术研发。

江铃拖拉机公司有 710 名员工（其中技工有 210 名），所有员工都有 3 年以上的工作经验，能有效理解和分析图表。公司中层以上的管理人员也都受过良好的教育和培训。江铃拖拉机公司的组织结构如图 5.1 所示。

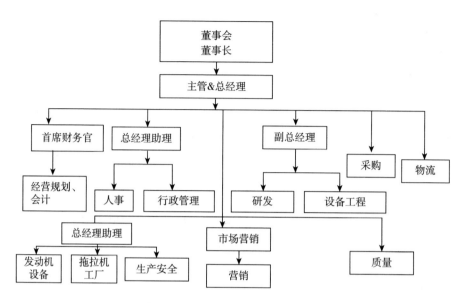

图 5.1　江铃拖拉机公司组织机构

资料来源：公司文件。

江铃拖拉机公司在国内拖拉机市场的份额为 2.5%。公司计划开展国际化经营，其全球化的诱因是国内的产品具有价格优势，首个出口拖拉机机型（Lenar FS247-1）在竞争激烈的美国市场上卖得很好。当马恒达注意到江铃拖拉机公司的时候，江铃拖拉机公司也正在寻找新的出口市场。

虽然"丰收"品牌在中国的认可度很高，但在多种因素的作用下，江铃拖拉机公司的效益仍然不佳。首先，作为一家国有企业，江铃拖拉机公司的产品被限制为低马力拖拉机，2003 年当地的拖拉机市场产销量为 60 000 辆（尽管 2004 年市场规模意外地扩张了 60%），江铃拖拉机公司无法从供应商处获得成本杠杆。其次，在皮带驱动式拖拉机和由江铃拖拉机公司制造的齿轮驱动式拖拉机中，18 马力拖拉机的消费者更倾向于选择前者，因为其价格较低。销售额减少、库存积压和昂贵的运营成本导致江铃拖拉机公司运营困难。最后，江铃拖拉机公司频繁的所有权变更导致生产中断。公司还拖欠供应商大量的债务，而这些供应商早已不再是江铃汽

第 5 章　马恒达农业机械公司：收购江铃拖拉机公司

车集团考虑的重点。经销商已开始销售竞争者的产品。为了开拓新的市场，江铃拖拉机公司为需求量较大的美国市场研发了小机型（FS-254）。自此，江铃拖拉机公司开始把关注点转移到了出口方面。尽管产品已经得到了中国市场的认可，但马恒达认为，江铃拖拉机在成为其旗下品牌之前还需再加工。

彼时，江铃拖拉机公司从残破的工厂搬到一处尚未完工的新工厂。在不受限的空间下，效率不再是工厂布局的关键因素。一切设备状况良好。

Choudhari 说：

> 我们认为江铃拖拉机公司是一家有前景的公司，因此将它选定为收购的意向公司。我们和其管理部门有着很好的关系，十分欣赏他们直接的管理风格、合作程度和协助能力。这一点很重要，因为我们最重要的合作伙伴就是当地政府，没有政府的许可，即便我们可能占有 80% 的市场份额，也无法进入市场。丰收品牌在中国的小型拖拉机市场有着很高的认可度，且江铃拖拉机公司的产品正好是对马恒达现有产品的一种补充。江铃拖拉机公司的设备受到了福特汽车公司、五十铃公司这两家合作公司的影响，江铃拖拉机公司注重生产质量并准备使用马恒达高质量的生产方式。尽管是一家国有企业，但江铃拖拉机公司愿意将企业的日常经营管理权交给我们。当然，对于我们来说，江铃拖拉机公司最吸引我们的还是它的产品组合与品质。

尽职调查

瞄准中国市场并选定江铃拖拉机公司后，Choudhari 办公室的团队开始考察合资的可能性。总裁办公室的团队从财务、文化和法律三个方面开展尽职调查。

财务方面

马恒达作为一家商业公司,注重资源生产效率。而江铃拖拉机公司作为一家国有企业,需承担保障就业等社会责任,其拖拉机制造部门的一部分工资会发给被认为多余的员工。公司的在建工程和存货的概念不同,有必要去了解江铃拖拉机公司的会计和成本核算体系,并思考如何将它们与马恒达的财务体系相整合。

文化方面

马恒达需要打破在中国的语言、饮食和文化上的多重障碍。公司管理层意识到,有必要给中方管理层员工传播马恒达的价值观和企业文化。虽然江铃拖拉机公司的经营理念是质量第一,但它缺少长期、稳定生产高质量产品的承诺。有关管理责任、利润、成本效率和绩效奖励等概念不属于文化范畴。

法律方面

法律方面包括:处理与中国法律法规相关的事宜;应对政府的检查和评估;明确环保要求;确保土地和房屋等有形资产的所有者持有登记证;把握合资公司对江铃汽车集团的依赖。

当与江铃拖拉机公司磋商时,公司聘请了外部中介机构为磋商过程提供建议(如合资公司的运作形式和结构)。中介机构建议马恒达在毛里求斯建立一家100%控股的子公司,子公司的名称为"马恒达海外投资有限公司(毛里求斯)",该子公司持有马恒达(中国)拖拉机有限公司80%的股权,江铃汽车集团将持有20%的股权。马恒达(中国)拖拉机有限公司将会从江铃拖拉机公司购买价值1 000万美元的拖拉机制造资产;200万美元支付给江铃汽车集团，800万美元投入自身拖拉机制造业务，确保业务正常开展。马恒达（中国）拖拉机有限公司的董事会将由10人组成，其中8人来自马恒达，2人来自江铃汽车集团，执行董事将由马恒达任命。

Choudhari 说：

> 我们全面考察了江铃拖拉机公司，发现了一些令人担忧的事情。江铃拖拉机公司的产品主要局限在18—33马力，且其生产地与销售地相隔甚远，因此，其产量（尤其是发动机的产量）可能会受到影响，而大多数的经销商都起不到作用。江铃拖拉机公司"退出国内市场，转向海外出口"的意向也与马恒达的战略规划不符。

新成立的合资公司将帮助马恒达在全世界最大的拖拉机市场立足。它使得马恒达既可以为不断增长的印度市场提供低马力拖拉机，又能在中国出售产于印度的高马力拖拉机。一方面，合资公司可借助马恒达在采购拖拉机零部件和子系统、制造、产品开发、营销服务等方面的竞争优势；另一方面，可通过逆向工程的方式发挥江铃拖拉机公司快速研发的优势。

Choudhari 的团队制定了如下6项指标来评估未来合资公司的成败：

- 中国国内的市场份额；
- 通过在中国采购所降低的成本；
- 向美国和印度出口的拖拉机数量；
- 收支平衡指标；
- 投资回报率（return on investment，ROI）、销售回报率（return on sales，ROS）和收益增长率；
- 马恒达印度产品出口的收益。

整合计划

他们预计100天内完成江铃拖拉机公司与马恒达的合资经营计划。一个小型的业务流程再造计划已经准备就绪,同时,一个负责执行和监督的部门也已成立。整合的相关事务性流程如下:

- 起草资产转让合同,包括接管工厂设备、库存、土地和厂房的协议。
- 编制所有员工的技能清单;筹备员工培训和发展相关事宜;安置外籍员工;为所有员工准备新的雇佣合同。
- 终止江铃拖拉机公司与其原供货商和经销商的所有合同;获取他们的培训需求。
- 开展工厂重大活动的工作研究和时间研究,使其符合马恒达的标准;确定需要削减员工的部门。
- 改善现有的会计和成本核算系统;组建一个独立的信息技术系统。

相关团队确定了组建合资企业的相关程序,如编制合资协议,确保公司名称获批,从南昌获取营业执照,并获得组建董事会的权限。另外,这个团队对三项职能进行了彻底梳理:运营(遵循马恒达的标准精简制造、采购和市场运营的流程)、财务(在南昌银行开立一个账户,追踪江铃拖拉机公司的成本核算系统,为该合资公司建立独立的信息技术系统)及人力资源。

团队还审查了员工问题,建议保留所有的中高层管理人员,裁掉一半的工人,裁员的举措需要得到政府的支持。留下来的员工将会接受培训,有的需赴印度培训两个月。来自印度的外籍人士可以担任中层管理职位,并行使职权。外籍人士将接受来自马恒达的高级行政人员的培训，同时还可获得住房补贴和子女教育费。为了确保企业文化过渡顺利，公司还将成立一个变革管理小组，该小组的一项职责就是确保江铃拖拉机公司的工作人员学习英语、印度外籍人士学习中文。

Choudhari 再次复核这些材料数据时，他在思考：究竟应该建议董事会提供正式的许可，让他的团队去和江铃拖拉机公司进行谈判，还是保留对此项交易的建议？

注释

1. M&M Annual Report 2001-2002, p. 10.
2. 截至作者撰写本案例时，1 美元 = 44.5 印度卢比。
3. Credit Analysis & Research Ltd（CARE）report, "Impact of Union Budget 2006-2007", pp. 119-120.
4. "Farm Mechanization in China," *U.S. Embass y Beiiinq*, *Environment Science and Technology Section*, June 1996, http: llwww. usembassy-china. org. cn/sandt/mu4fmmk.htm, *accessed* July 3, 2006.

第6章

三一重工的跨国并购、整合和战略重构

本案例由范黎波、耿慧芳和包铭心撰写。本案例仅作为课堂讨论材料，作者无意暗示某种管理行为是否有效。作者对真实姓名等信息进行了必要的掩饰性处理。

未经 Richard Ivey School of Business Foundation 书面授权，禁止任何形式的复制、收藏或转载。本内容不属于任何版权组织授权范围。如需订购、复制或引用有关资料，请联系 Ivey Publishing, Richard Ivey School of Business Foundation, The University of Western Ontario, London, Ontario, Canada, N6A3K7; Phone: (519) 661-3208; Fax (519) 661-3882; E-mail: cases@ivey.uwo.ca。

Copyright © 2016, Richard Ivey School of Business Foundation

版本：2016-11-23

第6章　三一重工的跨国并购、整合和战略重构

2012年1月31日，是三一重工股份有限公司（以下简称"三一重工"）值得纪念的一天。三一重工在总部长沙召开发布会，宣布收购德国普茨迈斯特（Putzmeister，以下简称"PM"）。发布会当天，三一重工以红毯、鲜花、加长豪华轿车欢迎PM八十岁的创始人卡尔·施勒赫特（Karl Schlecht）和他的夫人。

三一重工的总裁向文波说：

> 三一重工对PM的"景仰"已经长达18年了，我们刚进入这一行业时，PM当时已经是业界第一，是我们的标杆，也是我们追赶的对象。三一重工虽已成为世界上最大的混凝土机械制造商，但我们的技术还有待提高，目前的市场也主要局限在中国，而PM已在全球各地（如美国、法国、西班牙、葡萄牙、巴西）建立了自己的制造和销售系统。今天我们合并"联姻"，正式成为一家人。

2015年年初，距离收购已有三年的时间，然而双方的整合工作仍未完成。由于之前从未有过跨国并购及整合的经验，三一重工的管理层和驻PM首席联络官蒋向阳先生都承受着巨大压力。对三一重工的管理层而言，摆在面前的一个重要问题是：跨国整合应该仅仅关注PM，还是与三一重工的战略重构紧密结合？三一重工和PM在特定市场实施"双品牌战略"（double-brand strategy），究竟是否合适？

工程机械行业

工程机械行业属于资本、技术密集型行业，与一国经济发展阶段和基础设施投资密切相关，这里的基础设施投资涵盖铁路、公路、农田水利、城乡基础设施和房地产等。目前，全球的工程机械行业已进入成熟发展期，但大部分地区增长缓慢（见图6.1）。世界上最大的工程机械和矿山设备制造商是卡特彼勒（Caterpillar），其次是小松（Komatsu）、日立（Hitachi）和沃尔沃（Volvo）。而三一重工和中联重科作为中国工程机械行业的领导者，近几年发展迅猛，已位列世界前十（见表6.1）。

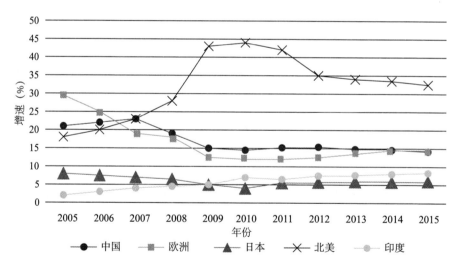

图6.1 工程机械行业全球销售量增速（2005—2015年）

资料来源：Off-Highuay Research，Report。

表6.1 工程机械行业全球前10名（2011—2015年）

排名	2011	2012	2013	2014	2015
1	卡特彼勒	卡特彼勒	卡特彼勒	卡特彼勒	卡特彼勒
2	小松	小松	小松	小松	小松

（续表）

排名	2011	2012	2013	2014	2015
3	沃尔沃	日立	沃尔沃	沃尔沃	日立
4	日立	沃尔沃	日立	利勃海尔	沃尔沃
5	三一重工	三一重工	利勃海尔	徐工集团	特雷克斯
6	利勃海尔	中联重科	特雷克斯	日立	利勃海尔
7	中联重科	利勃海尔	中联重科	特雷克斯	约翰·迪尔
8	特雷克斯	特雷克斯	三一重工	阿特拉斯·科普柯	徐工集团
9	斗山	约翰·迪尔	约翰·迪尔	中联重科	三一重工
10	约翰·迪尔	斗山	斗山	三一重工	斗山

资料来源：International Construction，2012。

整个20世纪，北美、欧洲和日本垄断了全球工程机械行业。然而进入21世纪后，随着发展中国家经济的崛起，尤其是金砖国家（巴西、俄罗斯、印度、中国和南非）市场不断扩大，新兴市场需求增长成为推动行业发展的重要因素之一。2008年的全球金融危机和之后的欧洲债务危机，对全球工程机械行业（尤其是发达国家市场）造成了严重冲击。当年全球销售量下降了15%，销售收入下降了11%。2009—2015年，全球工程机械行业都处于衰退状态。

中国已成为全球最大的工程机械市场之一，但这种"超速发展"也伴随着一系列的问题：产能过剩、产品同质化和无序竞争。2015年，中国经济正处于产业转型的关键时期，工程机械行业逐渐告别"进口替代"（import substitution）的时代，开始"出口扩张"。然而，由于上述一系列问题，工程机械的出口难度加大，资源和劳动力成本的迅速增长，进一步挤压了中国企业的利润空间。对中国工程机械制造商而言，疲弱的需求是未来发展面临的主要问题。

三一重工

三一重工成立于1989年,源于梁稳根、唐修国、毛中吾和袁金华成立的一家小型焊接材料厂。2015年,三一重工在中国拥有5家产业园,在美国、德国、印度和巴西共拥有4家研发和制造基地,已成长为全球化公司,产品涵盖混凝土机械、挖掘机械、起重机械、桩工机械和路面机械等(见图6.2)。

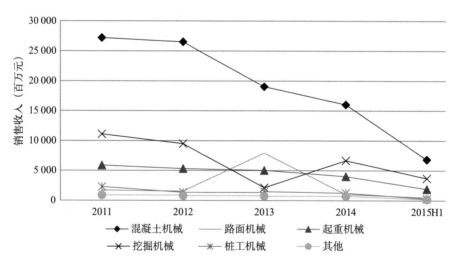

图6.2 三一重工主要产品的销售收入(2011—2015年)

注:H1表示"第一季度"。

资料来源:SANY's Annual Reports。

2003年7月,三一重工于上海证券交易所挂牌上市,随后于2006年6月完成了股权分置改革。2011年,三一重工入选金融时报(*Financial Times*)全球500强,市值达到215.6亿美元。2013年4月,国际权威媒体《国际建设》(*International Construction*)发布工程机械行业全球排名,三一重工全球排名已升至行业第五。2014年1—6月,三一重工的混凝土机械销售收入为101.2亿元人民币,位列全球第一;挖掘机械销售收入48.8亿元人民币,位列中国第一;起重机械销售收入25亿元人民币;其他产品均占据稳定的市场份额(见表6.2和图6.3)[1]。

表6.2 三一重工的主要财务数据(2006—2015年) (单位:十亿美元)

年份	收入	净利润	总资产	总债务	权益
2006	0.65	0.09	0.79	0.41	0.38
2007	1.20	0.25	1.47	0.81	0.66
2008	1.98	0.21	2.01	1.12	0.89
2009	2.78	0.44	3.23	1.82	1.41
2010	5.02	0.91	4.63	2.87	1.76
2011	7.86	1.45	7.94	4.73	3.21
2012	7.42	0.95	10.21	6.31	3.90
2013	6.03	0.50	10.31	6.27	4.04
2014	4.65	0.12	9.66	5.86	3.79
2015	4.53	0.35	9.23	5.15	4.08

资料来源:SANY's Annual Reports。

"创新驱动发展"是三一重工的重要战略。三一重工每年将销售收入的5%—7%投入研发,建立了国家级企业技术中心和国家级博士后科研工作站。截至2013年10月31日,三一重工申请了中国专利7 116项、国际专利合作条约(Patent Co-operation Treaty,PCT)341项、海外专利189项[2],已获授权中国专利4 769项、海外专利18项,居行业领先地位。

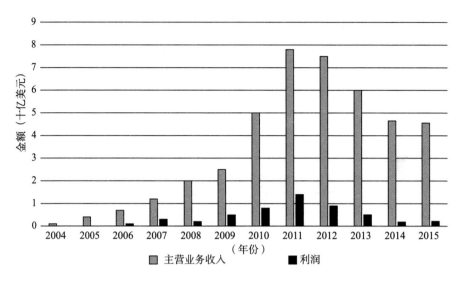

图 6.3 三一重工的主营业务收入和利润（2004—2015 年）

资料来源：SANY's Annual Reports。

三一重工的国际化道路

三一重工于 2000 年设立了负责出口业务的国际部。2002 年，三一重工首次出口四台推土机到印度和摩洛哥。2004 年，三一重工的国外销售收入仅为 1 400 万美元；2013 年，国外销售收入增至 18.7 亿美元（见表 6.3）。

表 6.3 三一重工国内外市场的主要财务数据（2009—2015 年）（单位：百万元人民币）

年份	国内市场		国外市场		总计	
	收入	成本	收入	成本	收入	成本
2009	16 887	10 657	1 359	917	18 246	11 574
2010	30 832	19 214	2 131	1 435	32 963	20 649
2011	45 641	28 390	3 425	2 400	49 066	30 790

(续表)

年份	国内市场		国外市场		总计	
	收入	成本	收入	成本	收入	成本
2012	36 277	23 409	8 740	6 868	45 017	30 277
2013	25 466	18 119	10 874	8 525	36 340	26 644
2014	19 883	14 195	9 822	7 810	29 705	22 005
2015（第一季度）	7 979	—	5 438	—	13 417	—

来源：SANY's Annual Reports。

三一重工的国际化起步阶段是国内市场的延伸。通过出口，三一重工获得了可观的利润，也积累了丰富的国际化经验。然而，工程机械出口面临着多重压力，如关税、运输成本，以及不同国家和地区间的技术标准和环保标准差异。对三一重工而言，满足当地用户特定的需求并非易事。有鉴于此，三一重工开始尝试海外投资，于2006年设立三一重工印度公司，于2007年设立三一重工美国公司，于2009年设立三一重工德国公司，于2010年设立三一重工巴西公司，全面覆盖了低端和高端市场。三一重工的机械设备已用于世界许多著名建筑物的建造，在某种程度上，三一重工已开始在全球工程机械行业建立自己的国际化品牌。

随着对外投资规模的扩大，三一重工希望借助在香港上市的契机，搭建国际化业务运营平台。2011年8月，中国证监会批准三一重工发行H股。2011年9月，三一重工在香港进行路演。然而，同年9月22日，由于市场波动，三一重工宣布推迟上市。

在长达10年的国际化进程中，三一重工主要面临两大问题：第一个问题与市场差异相关。这里的市场差异主要体现在产品价格差异和多重技术标准差异两个方面。从产品价格差异来看，在新兴市场，包括某些核心部件在内的产品价格要低于中国；从多重技术标准差异来看，印度的技术标准要低于中国,而德国的技术标准则比三一重工预想的要高,三一重工花了两年多时间开发新产品,来满足德国市场的技术要求。第二个问题与品牌有关。自国际化之初,三一重工坚持使用自有品牌,而非使用相关原有设备制造商的品牌。这一过程虽耗时较长,但能够为三一重工带来长期利益。2009年,当三一重工在德国投资时,花费了约三年时间建立自己的研发部、产品部、销售渠道和销售团队,其中超过90%的员工来自当地。因此,在三一重工的产品发布之前,就收到了十多个德国顾客的订单。

PM

"Putzmeister"在德语里的含义为"砂浆专家"。PM是德国国内由中小制造商成长为缝隙市场隐形冠军的典型案例。公司于1958年由施勒赫特创建,其总部位于艾希塔尔(Aichtal)的一个小镇。卡尔·施勒赫特基金(Karl Schlecht Fund)拥有PM 1%的股份和90%的投票权,卡尔·施勒赫特慈善基金会(Karl Schlecht Charitable Foundation)持有PM 99%的股份和10%的投票权。

PM是全球混凝土机械行业第一品牌和行业领导者,其泵车专利技术——C型换向阀形似象鼻,因此PM又被称为"大象"。这些混凝土泵在20世纪70年代初开始销往全球,PM从此成为全球混凝土机械行业的领导者。PM自成立起就专注于混凝土机械行业,产品的可靠性、安全性和效率在行业内首屈一指。为进一步发展业务,1989年,PM收购了一家德国混凝土搅拌器制造商Wibau,并于2003年先后收购了5家与混凝土产业链相关的制造企业。

PM下设四个业务单元,均与泵送技术相关。来自混凝土泵的收入占总收入的 80%，其他收入来自砂浆机械、高压清洁设备等。

PM 的发展不仅源于其自身产品的高品质，也来自公司的全球化视野和欧美市场的需求。全球金融危机前，PM 在德国、法国、西班牙、土耳其、美国、印度和中国设立了工厂，这些地区中 PM 的市场份额均高于其他品牌。欧洲建筑市场的繁荣也带动了公司利润的快速增长。2007 年，PM 77% 的利润都来自欧洲和北美市场。

2003 年以来，PM 的全球市场份额快速增长，销售收入达到 10 亿欧元[3]。2006—2007 年，公司资本化支出大幅增长，总投资达到 1.28 亿欧元，投资主要集中在欧洲。然而，2008 年全球金融危机给欧美建筑市场带来了极大的冲击，导致混凝土设备的市场需求大幅萎缩。2008 年，公司在欧洲新增的产能与欧债危机断崖式下滑的市场需求之间形成了巨大的差额，PM 经历了自成立以来的第一次亏损，2008 年销售收入仅有 4.5 亿欧元。随后几年，公司经营状况持续低迷。2010 年和 2011 年的销售收入分别为 5.5 亿欧元和 5.6 亿欧元，净利润分别为 150 万欧元和 600 万欧元。

1995 年 12 月，PM 上海公司在上海松江工业园成立，这是 PM 的第三家全球制造工厂，主要负责亚太地区的生产、销售和服务。PM 中国业务发展迅速，并在上海、北京、西安、广州、成都和沈阳设立了办公室。虽然 PM 在中国的销售收入持续提升，但中国本土的制造商也开始迅速发展。因此，PM 在中国市场越来越不具备竞争力，2004 年，PM 在中国混凝土设备行业的市场份额仅为 6%—8%。

2011 年，公司创始人施勒赫特虽然将主要精力转移到了慈善、伦理和文化组织领域，但仍旧十分关注 PM 的运营和未来。由于其子女无意继承父辈的产业，于是施勒赫特委托 J. P. 摩根（J. P. Morgan）在全球寻找买家，希望寻觅到一个可靠的伙伴，引领 PM 走向更好的未来。

收购 PM 的基本逻辑

除了进行海外投资，三一重工也尝试海外并购。2007年，位列全球混凝土设备行业前三的意大利公司 CIFA 决定通过公开招标的方式出售其股份，中联重科和三一重工均参与了竞标。最终，中联重科联合弘毅资本（Hony Capital）、高盛（Goldman Sachs）、曼德林基金（Mandarin Capital Partner），溢价5.11亿欧元收购了 CIFA。这项交易在中国引发了巨大的争论，业内有人质疑，中联重科成功中标的原因在于其国资背景，在获取更多政府政策支持上有极大的优势。因此，三一重工第一次海外并购的尝试失败了。中国企业此后一系列的海外并购，给三一重工的高管带来了更大的压力。中国机械制造业跨国（境）并购的部分案例见表6.4。

表6.4 中国机械制造业的跨国（境）并购（2005—2014年）

年份	收购者	收购标的	标的所在地	收购股权（%）	交易金额（百万美元）
2005	金风科技	Vensys Energy	德国	70.0	61
2008	中联重科	CIFA	意大利	100.0	325
2010	上海电气	Goss International	美国	100.0	140
2010	金晟	EMAG	德国	51.0	129
2011	太原重工	Valley Long Wall	澳大利亚	100.0	135
2011	中国高科	Fong's Industries Group	中国香港	37.7	134
2011	卧龙电气	ATB	奥地利	100.0	130
2012	三一重工	PM	德国	100.0	698

(续表)

年份	收购者	收购标的	标的所在地	收购股权（%）	交易金额（百万美元）
2012	潍柴动力	KION Group	德国	25.0	584
2012	潍柴动力	Ferretti	意大利	75.0	484
2012	太重煤机	REI	美国	60.0	13
2013	中集集团	Ziegler	德国	100.0	76
2014	中联重科	M-Tec	德国	100.0	57

资料来源：案例作者根据《财富》多年的材料编写。

三一重工在国内市场面临着复杂的情况，尽管投资和生产情况良好，但国内市场竞争十分激烈，价格战使投资回报率、资产回报率进一步降低（见表6.5）。

表6.5 中国机械制造业标准（2011—2015年）

	2015	2014	2013	2012	2011
投资回报率（%）	3.2	2.6	5.0	4.8	5.0
资产回报率（%）	2.5	2.1	2.9	2.7	3.4
销售利润率（%）	11.5	10.7	10.5	10.2	10.3
总资产周转率（%）	0.4	0.4	0.3	0.3	0.3
应收账款周转率（%）	3.4	3.1	3.7	2.4	3.1
存货周转率（%）	4.2	4.2	4.2	4.2	4.5
全部资产现金覆盖率（%）	1.0	1.0	1.0	3.0	3.3
资产负债率（%）	60.0	60.0	65.1	65.0	69.5

资料来源：案例作者根据《财富》多年的材料编写。

2005—2011年,三一重工的出口额复合增长率提升了79%。受金融危机影响,2009年,三一重工的出口增长率为负值。2011年,三一重工的出口规模又恢复到其2008年时的水平,出口额达34.25亿元人民币,占公司总销售额的6.75%。

收购过程

2009年,负责筹建三一重工德国公司的贺东东,秘密联系了PM的CEO诺伯特·朔伊克(Norbert Scheuch),向其表达了收购PM的意愿,但遭到了朔伊克的否决。朔伊克反过来提议:若三一重工放弃德国市场,PM将放弃中国市场。但这一提议也被三一重工否决了。最终,三一重工选择在德国开展绿地投资(Greenfield Investment),从道依茨(Deutz)、施维英(Schwing)和PM等公司聘请德国当地的技术和管理人才。

在产品设计上,三一重工德国公司完全采用德国标准,并雇用当地技术人才,花费两年的时间开发了6种适合欧洲市场的新产品,这些新产品能满足德国市场要求的74项标准。最终,三一重工德国公司被德国制造业协会(German Manufacturing Association)接纳。三一重工德国公司继而在欧洲市场上与PM直接竞争,给PM带来了很大的压力。PM的高管意识到,三一重工德国公司在欧洲市场的出现,无疑会削减PM的利润。

2011年12月20日,朔伊克来到长沙,拜访了三一重工的主席兼创始人梁稳根,探讨了PM出售的事宜,他的到来获得了梁稳根和其团队的欢迎。第二天,朔伊克也拜访了中联重科,并释放出同样的信号。2011年12月22日,中联重科向湖南省发展和改革委员会提交了正式申请,并于12月30日获得竞标许可。2011年12月23日,PM的咨询部门对目标竞标公司发出了正式邀约，其中就包括了三一重工和中联重科。

梁稳根接着写了一封长信给朔伊克，两人于2012年1月会面。2012年1月31日，三一重工与中国国际信托投资公司（以下简称"中信"）联合，以3.6亿欧元获得PM 100%股权，其中三一重工德国公司出资3.24亿欧元获得其90%股权，中信出资3 600万欧元获得剩余10%股权。2011年，PM的总资产为4.7亿欧元，总债务为1.65亿欧元，净资产为3.05亿欧元，也就意味着三一重工德国公司以5 500万欧元的溢价收购了PM。整个收购过程仅用时33天，未进行尽职调查，市净率为2.02。[4]三一重工的副总裁贺东东表示，"重视机会成本是三一重工国际化的重要战略选择……媒体报道三一重工收购PM时通常用'闪婚'来形容，这不是很准确……其实三一重工从未改变收购一家德国公司的战略意图。"

2010年第三季度，三一重工的现金和现金等价物价值约81亿元人民币，其中包括46.8亿元现金。联合产业资本和机构投资者开展收购是当前跨国并购的主流方式，三一重工与中信保持着长久的合作关系，而中信和中信国际（CITIC's International Financial Holdings）也是三一重工H股的承销商和保荐人。2013年7月1日，三一重工香港国际发展公司收购了由中信持有的PM 10%股权，至此，三一重工完成了对PM全部股权的收购。

三一重工收购PM时的出价，是PM 2011年利润的60倍，是香港证券交易所正常标准的15—20倍。不过2011年比较特殊，受经济危机的严重影响，2011年PM的利润仅为600万欧元，如果按照2002—2007年PM的年均利润3 568万欧元来测算，本次收购价仅为利润的10倍。事实上，溢价收购与三一重工对PM的信心有关。本次收购后，业内对其收购价格是否合适、能否整合成功等问题都提出了质疑。

三一重工和 PM 的整合

虽然三一重工和 PM 都以混凝土机械起家,并且已在各自的领域成为领先者,但两家在产品价格、质量、稳定性、技术、品牌影响力、营销能力和服务水平上都存在极大的差异。两者虽然都是行业巨头,但风格完全不同:PM 显得老成持重、成熟稳定,客户忠诚度高;相反,三一重工显得更激进、开放,尽管三一重工在中国和海外市场表现亮眼,但其过于激进的扩张行为也使一些人感到不安。梁稳根认为快速发展是最重要的。基于三一重工的发展战略,需要适中的规模支撑,产品线需多样化,产业链也需深化。然而,PM 一直专注于专业化和高端市场,而不关注中低端市场。例如,PM 2011 年的收入是 5.7 亿欧元,仅为三一重工收入的 6%—7%;PM 全球员工共 3 000 人,而三一重工有 40 000 名员工。

整合战略

三一重工承诺保持 PM 现有的管理团队和品牌不变,不干涉 PM 的业务经营管理,并且三一重工的管理层在不同场合多次强调这一理念。收购完成后,副总裁蒋向阳作为首席联络官,带领团队加入 PM,主要负责支持 PM 的 CEO 及管理团队的工作,包括三一重工和 PM 董事会的沟通、战略合作、业务协调、项目设计和开发等。蒋向阳 2000—2009 年在美国的卡特彼勒(Caterpillar)工作,2009 年加入三一重工。随着梁稳根和朔伊克的交流逐步深入,三一重工和 PM 之间的整合于 2012 年全面拉开帷幕。蒋向阳表示："德中两国的管理层会平等地进行互动、协商。"

根据三一重工的战略布局，PM 将成为三一重工在中国市场以外的混凝土机械总部，全面负责除中国市场外的国际业务，战略目标是到 2017 年，销售收入增长至 20 亿欧元。然而，双方关于市场划分的意愿未能达成一致。PM 的混凝土机械产品被排除在中国市场之外。PM 拥有自己的生产基地和覆盖 154 个国家（地区）的销售网络，PM 的"大象"品牌在发达国家有着巨大的影响力。而三一重工渴望通过 PM 的全球网络促进三一重工品牌、产品和服务网络的国际化。对中国企业而言，由于缺乏国际化经验，实现国际化难度较高，尤其在发达国家，中国企业在全球化竞争中往往处于不利地位。2012 年，三一重工因在佛罗里达州的直接投资受到政府干预而起诉美国政府，虽然三一重工最终赢得了这场诉讼，但这次直接投资仍然以失败告终，三一重工的国际化进程受到了阻碍。

基于 PM 的战略构想，三一重工自 2013 年开始逐渐撤出国际混凝土机械市场。起初，三一重工和 PM 实施了双品牌战略，在中国国内市场，由于三一重工的品牌效应，PM 退出中国的输送泵业务市场，转而利用三一重工的分销网络销售三一重工没有的混凝土喷射机。同时，在国际市场，PM 采用单一的"大象"品牌战略，未能覆盖到三一重工的优势领域，因此导致属于三一重工的市场份额逐渐被竞争对手挤占。对此，三一重工和 PM 的管理层存在分歧。一方面，贺东东坚持双品牌战略；另一方面，朔伊克坚持单一品牌战略，即在除中国市场外的国际市场上只保留一个品牌。最终，三一重工于 2013 年开始试行差异化战略，在不同市场中使用不同的品牌。但是为了防止内部竞争和资源浪费，"大象"品牌仍然是三一重工在国际混凝土机械市场的唯一品牌。

在三一重工的推动下，PM 的专业化战略路线开始改变。2012 年 7 月，PM 宣布收购德国混凝土搅拌机生产商 Intermix；2013 年 4 月，PM 宣布收购意大利的搅拌站设备生产商 SIMEN。两次收购完成后，PM 在混凝土机械领域业务更加全面，覆盖搅拌站、搅拌车、泵送全套的业务领域。2012年，PM 的竞争对手利勃海尔收购了德国混凝土泵车制造商威欣（Waitzinger），这也反映了全球混凝土机械行业开始垂直整合的新趋势。

融入三一重工的管理体系后，PM 管理层感到了战略转型的压力——改变并不容易。一位高管抱怨道，提升产品质量对三一重工而言是一个巨大的挑战，因为三一重工习惯了用低价路径来制定产品标准。作为一家新兴的跨国公司，三一重工缺乏战略经验。然而，三一重工有强大的学习能力。"他们当然希望进入全球市场，在发达国家市场中获得一席之地，即使需要花费十年时间。"贝塔斯曼基金会（Bertelsmann Foundation）的科拉·琼格布鲁斯（Cora Jungbluth）说。

即使三一重工承诺给 PM 高管很大的自主权，两家公司在战略和文化整合上仍面临许多挑战。2013 年 9 月 10 日，三一重工宣布朔伊克因个人原因辞职，高级副总裁杰拉尔德·卡奇（Gerald Karch）接任了 CEO 一职。朔伊克的辞职引发了各方对三一重工整合深度和进展的怀疑。三一重工一再声明，朔伊克的辞职不会影响三一重工的国际化进程。新继任的卡奇与梁稳根相互信任，与三一重工的董事会也交流顺畅。一方面，PM 实现了更好的业绩，员工之间彼此认可；另一方面，对外的品牌形象也有所改变。但是不可否认的是，与朔伊克相似，卡奇在与中国管理者工作和沟通时也面临着认知和文化方面的差异和障碍。

运营和商业模式差异

PM 一直专注于产品的稳定性及定制化，即根据客户的需求提供解决方案。例如，所有产品均可提前订购，甚至产品的颜色也可根据客户的要求定制。由于中国市场和欧洲市场的差异，如果三一重工偏好稳定而非激进的发展思路，就会错过较多的机会。在 PM 工厂，工艺流程信息化、智能化和可视化程度较高，一名工人就可以监管许多站点，很多工人接受了德国"技术导向学徒制"（technology-oriented apprenticeship system）的培训。然而，三一重工的大部分工人都在"干中学"，他们的素质和专业能力远低于德国工人。PM 的优势在于技术流程，而三一重工的优势在于成本。由于欧洲劳动力和原材料成本较高，PM 的毛利率约为 10%；相反，三一重工在混凝土机械行业的毛利率约为 40%。

技术合作

自并购以来，PM 一直保持着其原有的采购策略和供应链运营方式。"为了减轻客户对质量下降的顾虑，PM 对客户开展了一系列公关活动。"琼格布鲁斯表示。三一重工期待 PM 能对公司产品技术和质量的提升做出贡献。为实现这一目标，三一重工和 PM 开展了合作项目并互换工程师，以推动技术交流。PM 也会帮助三一重工购买一些零部件。此外，他们一同合作开发三一重工向 PM 供应一些零部件的潜力，从而达到降低成本的目的。

2012 年年末，三一重工和 PM 之间的技术合作项目正式启动。通过项目合作及研发论坛等形式，研究员和普通员工可以进行深入交流。PM 拥有约 100 名研究员，三一重工拥有将近 1 000 名研究员；PM 的研究员更加关注质量，而三一重工的研究员则更关注效率。如果双方结合，研发体系会进一步优化。蒋向阳表示："一些业务技能无法在课堂中传授，员工必须通过实践来学习。"

三一重工和 PM 联合开发的第一个产品在 2013 年 3 月 19 日上市，这是双方合作的一个里程碑。同时，三一重工启动了一项零部件质量提升计划，第一个目标就是达到德国技术和产品标准。在 PM 的帮助下，三一重工引入了喷臂悬架技术，应用于泵送高度超过 80 多米的混凝土泵。除了混凝土机械领域，三一重工和 PM 也在寻求其他方面的合作。

价值观和文化整合

在整合过程中，产品和技术整合比较容易，价值观和企业文化却较难匹配。梁稳根和朔伊克曾在晚餐上讨论业务问题。末了，梁稳根对朔伊克说："你说怎么定就怎么定。"然而，几天后，当朔伊克把写好的计划拿到梁稳根面前，梁稳根很惊讶，并表示不能同意，这让朔伊克很不愉快。

梁稳根从未想到，德国人会如此认真对待他在饭桌上对业务的随意谈论。在中国的商业文化里，聚餐场合中对业务的谈论通常不算数。一个误会就这样产生了，但这也侧面体现了德国企业文化的严谨。当然还有许多类似的故事。三一重工和 PM 的价值观差异也体现在两家企业各自在企业文化的表述上。

自整合以来，如何让 PM 核心团队成员和员工认可三一重工的核心价值观，是一个关键问题。例如，三一重工鼓励"推动本国产业，为工作奉献"的精神，这与德国文化的精神很不一样。然而，双方也有一些共同的价值观，如"品质改变世界"——专注于产品质量、顾客需求和创新能力。

PM 的运营宗旨是"服务、改进和创造价值"，他们主要关注混凝土机械领域的创新和精益求精的质量。对于增长目标，PM 更关注其在细分市场中的业务增长，而非整体规模。例如，施勒赫特在 2004 年的新年晚会上说:"我们 PM 整体的增长再次超过了世界平均水平。"2005 年,72 岁的施勒赫特在接受《建筑时报》(Construction Times)记者采访时,表达了他衡量企业是否成功的标准:"PM 的业务规模不是世界第一,但它财务状况良好,是行业内产品质量和技术层面的领导者。"

三一重工同样是一家追求产品质量、精益求精的企业,其标语便是"品质改变世界"。事实上,三一重工在国内混凝土机械市场脱颖而出,也有赖于其相比于竞争对手更优的产品质量和技术。随着三一重工规模和影响力的扩张,真正令三一重工骄傲的不仅是其先进的技术、稳定的质量和在单一产品领域的客户价值,而且包括其对本国产业和社会的贡献。"嫉'慢'如仇"是在三一重工广为流传的一句话,反映了其对发展的强烈渴望。三一重工希望成为世界一流企业,所以它不会仅专注在没有快速增长、规模仅 20 亿美元的混凝土机械缝隙市场。

2014 年 10 月,贺东东在清华大学的一场演讲上说,中国企业收购德国企业,就像灰姑娘嫁给王子,畏首畏尾。他相信,中国企业应该充满战略自信,平等地与德国企业合作。他指出,如果收购的是财务表现不佳的外国公司,而对战略和团队毫不做改变,经营状况就不会好转。

整合的未来

PM 作为一个"隐形冠军",他有着极大的"自尊心",对违背自身原则的事从不妥协。但三一重工会给 PM 更多的选择和足够的尊重吗?三一重工为 PM 设定的目标是,2012 年销售收入增长 30%。PM 的管理层对此一直存有怨言,因为公司习惯了每年 5%—10% 的增长,认为 30% 的增长是不合理的(许多欧洲和美国的公司以 GDP 为参照点,德国 2012 年的

GDP 增长不足 1%）。2012 年，PM 的收入是 6.84 亿欧元，比 2011 年增加了 1.19 亿欧元，增长率达 21%，收入的增长主要来自北美、土耳其和俄罗斯的业务。

考虑到并购整合及自身的工作经验，蒋向阳重申，并购 PM 是三一重工的第一起跨境并购项目，所以，三一重工对整合的速度和程度都抱有极大的耐心。目前，双方整合的第一个目标已实现，PM 已坚定地走在发展的路上，但距离实现预期的整合目标、全面开发双方的潜力，还有很长的路要走。

2012 年 PM 被三一重工收购后，因害怕失去饭碗，PM 的员工在工厂外抗议。然而，四年后，PM 在德国保持了原有的组织架构和人事安排。2015 年，三一重工再次承诺，将维持现有的雇佣关系至少到 2020 年。四年前反对并购的同一批员工认为，相比被其他国家的公司收购，被三一重工收购更幸运。"对员工来说，PM 被美国公司收购，可能更糟糕。"PM 工会主席约尔格·吕弗勒（Joerg Loeffler）表示。

机会和挑战

三一重工通过绿地投资和跨国并购，走上了发展快车道。但需要强调的是，企业国际化是一个循序渐进的过程，不可能通过一个或多个并购就实现国际化。三一重工已进入了发达国家市场，在传统意义上，发达国家市场是西方跨国公司的大本营，而三一重工作为一个"外来者"，正在通过融入当地的文化和市场进行变革。三一重工正走在一条打造全球运营、研发和品牌营销体系的路上。

三一重工的利润从 2011 年的 86 亿元人民币，下降到 2013 年的 29 亿元人民币,公司的国际化进程会慢下来吗?没有中国国内市场的支持,三一重工的全球化战略能坚持多久?未来是否会发生战略转型?根据三一重工 2013 年的年报,它的海外销售收入超过 100 亿元人民币,PM 在三一重工的国际化进程中会扮演更重要的角色吗?

中国机械制造业的市场国际化已进入新的阶段,面对行业的新业态,三一重工会继续通过并购来提升核心竞争力和市场竞争力吗?三一重工面临的一个大挑战是工业 4.0[5]。并购并不是目的,通过整合实现协同效应才是最终目标。2014 年年末,蒋向阳总结了此次并购的过程,并提到,研发和供应链的整合处于稳定的阶段,互补产品的研发则取得了巨大的进步。

三一重工中国和德国公司在国际市场上取得了亮眼的表现。在扩张时期,三一重工的核心技术和德国生产的部件需求迅速增长。然而,德国被视为零部件制造商,中国则被视为机器制造商,他们能达成更深入的战略合作吗?2014 年 4 月,习近平主席和当时的德国总理安格拉·默克尔(Angela Merkel)就共同实现"工业 4.0"签署了合作协议,期待在 10 个工业制造领域取得突破,这将推动"中国制造"和"德国制造"联手开拓国际市场。

注释

1. 截至 2015 年年初,1 美元 = 6.209 元人民币。
2. 国际专利合作条约意味着同一专利在国内和海外市场是相同的;海外专利意味着同一专利在国内和海外市场不同。
3. 截至 2015 年年初,1 美元 = 0.899 欧元。
4. 账面价值 = 总资产 - 无形资产 - 负债 - 优先股股份。
5. 工业 4.0 是指通过智能制造方法,将新兴科技(如互联网、物联网、云计算机等)运用于工业制造领域。

第7章

塔塔汽车公司整合韩国大宇商用汽车公司

本案例由 Sanjay Singh、Meera Harish 和 Kulwant Singh 撰写。本案例仅作为课堂讨论材料,作者无意暗示某种管理行为是否有效。作者对真实姓名等信息进行了必要的掩饰性处理。

未经 Richard Ivey School of Business Foundation 书面授权,禁止任何形式的复制、收藏或转载。本内容不属于任何版权组织授权范围。如需订购、复制或引用有关资料,请联系 Ivey Publishing, Richard Ivey School of Business Foundation, The University of Western Ontario, London, Ontario, Canada, N6A3K7; Phone:(519) 661-3208; Fax:(519) 661-3882; E-mail:cases@ivey.uwo.ca。

Copyright © 2008, Richard Ivey School of Business Foundation

版本:2008-12-04

第 7 章　塔塔汽车公司整合韩国大宇商用汽车公司

> 海外投资是一项十分复杂的工作。你可以把 1 亿美元都投进去，但是这是否能够建造一个工厂，并打造一个忠诚的队伍呢？当你收购一个公司的时候，你说你为公司带来了资金。投入资金很容易，但更困难的是整合公司、解决人力资源问题。任何一项收购的有效性都取决于收购者如何理解这些软性问题。为了与他人相处融洽，你应该做些什么？这比你单单为这个公司注入资金更为重要。
>
> ——塔塔汽车公司
> 常务董事　拉维·康特（Ravi Kant）[1]

令很多人吃惊的是，塔塔汽车公司（Tata Motors Company，TM）于 2004 年 3 月成功收购了韩国大宇商用汽车公司（South Korea's Daewoo Commercial Vehicle Company，DCVC）。虽是韩国第二大卡车制造商，但 DCVC 远远落后于市场领军者——现代（Hyundai）。DCVC 在经营中能够盈利，它有一个高质量但利用率低的工厂，一个稍显单一和老化的产品线；DCVC 出口规模有限，且销售和服务网络薄弱。被一家外国公司，特别是被一家在韩国没有任何存在感和知名度的印度公司收购，DCVC 的许多员工和广大公众对此表示担忧。

作为一家没有海外收购经验的企业，TM 似乎面临着整合 DCVC 的重大挑战。

第一步

TM 决定保留"大宇"二字,使用塔塔大宇商用车有限公司(Tata Daewoo Commercial Vehicle Co. Ltd,TDCV)作为新的公司名称。韩国本地所有的产品都保留大宇的品牌名称,但是在服务和销售中使用 TDCV 的品牌名称。TDCV 在韩国之外的产品都以 TM 的品牌销售。

崔光玉(Chae Kwang-Ok)被任命为 TDCV 的总裁兼 CEO。崔光玉在 DCVC 度过了他的整个职业生涯,并被破产法院指定为 CEO。崔光玉被任命为 TDCV 总裁兼 CEO 这一决定,遵循了 TM 的惯例,那就是允许被收购公司保留自己的品牌形象,并拥有一定自主权,在情况允许时进行独立管理。

康特亲自挑选了一支由九名优秀的管理人员组成的队伍来推动公司整合:S.U.K. 梅农(S.U.K. Menon)主管企业规划和财务,C.V. 辛格(C.V. Singh)主管销售、市场、服务和整合事务,他们二人被任命为 TDCV 副总裁。梅农和辛格在 TDCV 全权代表 TM。另外七名相对年轻的管理人员被安置在中层管理和专家的岗位,有两位从事财务系统的整合工作,其他人从事战略采购、新产品引进、市场营销、售后服务和人力资源管理等方面的工作。TM 的管理人员向所有被保留下来的韩国高管团队汇报。只有梅农和人力资源经理曾经是原尽职调查团队的成员。

TM 为两家公司的整合分别制订了 30 天、60 天、90 天和一年的计划。财务和会计系统的整合迫在眉睫。由于 TM 在 2004 年 3 月 29 日完成了对 DCVC 的收购,这早于 TM 会计年度截止日期(2004 年 3 月 31 日),因此,公司的财务和会计账户必须被关闭。这项任务十分具有挑战性,因为

DCVC 和 TM 的会计年度不一样，而且韩国、印度和美国（TM 上市的地方）的会计规则也不一样。尽管如此，账户整合工作仍然按时完成了。

管理系统

一条被广泛推崇的收购经验法则是，收购方需要在 100 天内完成对被收购公司的重大事项重组。这一规则的逻辑在于，裁员和部门调整都需要尽快完成，以避免不确定性和员工辞职的风险。然而，TM 在收购结束后的六个月内采取了"尽量减少更变和避免深度参与 TDCV 运营"的策略。

TM 的整合计划围绕着两个关键点展开。第一，TDCV 将不会成为一家位于韩国的印度公司，而是将会成为一家"在韩国的韩国公司"。第二，管理人员将有一个适应期。TDCV 新任副总裁梅农做了如下解释：

> 我们所要做的是让管理层和员工对我们产生一种信任感，即我们不会扰乱他们的运营模式。而且我们可以很放心，因为我们从最开始的尽职调查到进入公司，都很认同 TDCV 的流程和管理模式，他们的文件材料也很棒，其指挥链更是毋庸置疑，所以我们不需要推翻他们的运营模式。我们让他们做自己想做的事情，然后再渐渐引入 TM 的核心概念和方法。

TDCV 引入了一个新的高层管理架构，也就是经营管理团队，这一团队包括总裁崔光玉、来自 TM 的副总裁梅农和辛格、来自 DCVC 的两名资深经理金（Kim）和元（Won）。其中金负责生产和研发，元负责人力资源与行政部门。巧合的是，崔光玉和两名副总裁都是同龄人，他们是 TDCV 年纪最大的三名员工。

经营管理团队负责做出所有的战略决定，但在一些重大事项上也让下一级的管理人员参与进来。下一级的管理人员包括各个组长，他们以规范和稳定的组织架构管理他们的团队成员。这 20 名组长的职位都被保留下来，以便 TDCV 的员工与 TM 领导人沟通。

TM 的常务董事康特（同时也是 TDCV 董事长），对保留现有体系的决定做了如下解释：

> TDCV 的员工对自己所做的事情感到自豪，并能从中获得成就感，我们希望继续保持这一点。我们认为，保持这种自豪感的唯一方法就是向他们表明这并不是一般意义上的接管。我们觉得，当他们支持我们的时候，丢弃一切原本的东西是不对的。应该由他们来管理公司，而我们只是为他们提供支持。TDCV 将会成为一家本地的公司，这意味着我们想要成为一家受本地群众认可的韩国公司。TDCV 将拥有本地公司的形象、特征和感知，唯一特殊的地方在于这家公司由 TM 拥有。

崔光玉对于公司的"国籍"有很清楚的认识：

> TDCV 是一家韩国公司。他由韩国人建立，但是其股权属于印度人。我向我的员工解释过这一点，确保他们知晓此事。此次整合是两家公司平等地整合，这一点非常重要。

TM 为了确保"TDCV 将是一家韩国公司"，从几个方面采取了措施。一项关键的努力是将群山市 TM 的员工数量缩减到最小。TM 整合团队九名成员中的六人在完成他们的任务后会返回印度，尽管崔光玉希望他们留下。其中的一些职位由新的管理人员接任，而这六个人会在印度或其他地方执行类似的任务，以促进整合和交流。

TM 开展了多项整合工作。其下属公司必须把握三个"关键要素"，即 TM 品牌权益管理计划、TM 行为准则和商业道德管理指南。有关文件被翻译成韩文，管理层和工作人员对文件内容进行了交流。TM 还在其总部建立了一个永久性的展示厅，向员工和合作伙伴展示 TM 的发展历史和管理准则。TDCV 已于 2006 年完成满足这些关键要素的项目。

为了确保拥有共同的信息和管理平台，TM 将 SAP 的企业管理软件系统引入 TDCV。受成本和时间限制，TM 使用 TM 子公司塔塔科技（Tata Technologies，TTL）来管理复杂软件的应用。TTL 团队聘请了 DCVC 曾经的子公司大宇信息系统为其提供帮助。尽管面临横跨两个国家和两种语言的挑战，该项目仍然按时完成了，耗资约 300 万美元，远低于当地韩国公司预估的 900 万美元。

TM 还将平衡计分卡、绩效管理系统、产品生命周期管理系统引入 TDCV。平衡计分卡和这些系统于 2005 年在公司层面推出，并于 2006 年在团队层面推出。

企业文化问题

尽管 TM 对收购的流程很谨慎，TDCV 的员工显然不满意公司被外国公司收购。反馈意见和调查问卷显示，TDCV 的员工为他们过往的工作感到自豪，而对公司被一家外国公司收购这一事实感到失落。这一反馈让 TM 对企业文化问题特别敏感。

TM 在整合韩国和印度不同的企业文化时，面临着巨大的挑战。DCVC 有一种被称作"大宇精神"的独特文化，该文化强调创造力、挑战和牺牲。DCVC 奉行共同繁荣的理念，通过这种理念为员工、客户、供应商、合作伙伴和韩国提供价值。例如，当经济危机发生之后，被解雇的工人们得到了企业和员工的大力支持。梅农认识到了这一点，并努力适应不同的工作风格：

> TDCV 并不习惯同时开展多项任务和使用多个技能。韩国人最初觉得很难同时实施多个项目。我们必须理解他们的工作节奏，不能催他们，而是要帮助他们理解新的企业文化。我们开展业务工作的语言是不同的，因此，必须给他们时间。

为了方便沟通，印度管理者们报名参加了韩语班，还有许多韩国管理者们也开始学习英语。辛格和梅农报名参加了语言班，此举被很多 TDCV 员工认为，他们的确在履行承诺。重要的演讲和信息分享会都使用英语和韩语两种语言。

TM 对 DCVC 的员工、管理层的能力和来自韩国政府的热烈欢迎持乐观的态度。TM 董事长拉丹·塔塔（Ratan Tata）甚至发现了韩国和印度之间的一些关联：

> 当我们接管 TDCV 时，我参观了工厂，和工人们一起吃午餐。我当时说英语，口译员帮我翻译，然后一种奇怪的亲和力产生了……这里的工人非常积极，这是因为在他们眼中，印度是一个佛教国家。我们对印度和韩国两国在佛教上的密切联系产生了巨大的兴趣。TM 管理层已经邀请了 TDCV 的一部分管理人员和工人参观印度的佛教景点。同样的，我们也曾协助举行群山市的印度之夜活动。我们的关系可以建立在这种文化亲和力上。

TM 相信两家公司可以互相学习对方的运营模式。尽管 TM 具有先进的信息技术和管理系统，TDCV 的产品制造技术却更加先进。TM 开始向 TDCV 学习，着重提升其产品开发和设计技能、生产率和运营标准。TM 在印度和群山市的工厂之间搭建了员工交流的平台。

然而，副总裁辛格依然建议进行必要的调整：

> 这个系统更加严格，而且是预先设定的。你必须抛开个人目标，接纳新的思想和经验，花费很长时间、付出更多努力去履行对 TDCV 的承诺。只有你做出足够多 TDCV 认可的贡献，他们才会真正接纳你。

第 7 章　塔塔汽车公司整合韩国大宇商用汽车公司

工会问题

特别值得关注的是，韩国工会长期以来以暴力抗议的方式应对他们不喜欢的变革。DCVC 破产和分公司被拍卖的事实引发了广泛的抗议，有时候甚至需要警方介入。DCVC 的工会过去一直是激进的，并反对将公司出售给外国买家。但 DCVC 业绩不佳的现实似乎压制了他们对 TM 的抗拒。TM 还给出了一项承诺——TDCV 的任何一名员工都不会被裁员，以此缓解了员工们的反对情绪。康特坚信，"透明而公平的商业谈判"有利于保持管理层和工会之间的良好关系。

第一年，TM 的管理人员在与工会谈判时遇到了相当大的困难。本次谈判形式死板，并涉及不同国家、地区和以产业为基础的工会。做法也不同寻常。例如，罢工往往被安排在特定的时间，尽量减少对生产的干扰，同时避免耽误年假。梅农和辛格认为，让 TDCV 的工会了解 TM 是有益的。

TDCV 派出一个工会领导小组参观 TM 在印度的工厂，向他们说明 TM 的运营规模远远大于 TDCV。康特和他的高级经理为这次参观提供了支持，尽管他们担心韩国工会的紧张状态可能会影响 TM 工人。TM 的财务副总裁 R.S. 塔库尔（R.S. Thakur）对这次参观做了如下描述：

> 这是一次巨大的成功。TDCV 的工会认识到 TM 是一家规模大且能力强的公司，而且对员工很好。他们欣赏我们开放和乐意分享的态度。我很有信心，如果我坐下来和他们谈判，那么我可以做得比过去几年更好。参观结束之际，TDCV 工会主席对我说，他是印度人，而我是韩国人。

2004 年，TDCV 和工会签署了一项协议，承诺未来 3 年工资将增长

13%。这项协议意义重大,因为在过去 3 年里,TDCV 员工的工资并没有任何增长。尽管如此,TDCV 没发生过罢工或生产中断的情况,而员工薪资涨幅更大的现代和大宇客车(Daewoo Bus)都曾遭遇罢工事件。

运营问题

  TDCV 一直在努力将公司的卡车生产标准转换为欧盟引入的新欧 Ⅲ(new Euro 3)排放标准。这成了 TDCV 最初 90 天计划中的关键目标。TDCV 比市场领军者现代提前两个月实现了这一目标。

  2005 年,TDCV 新推出了一系列中型卡车,这是十年来 TDCV 第一次推出重要产品。这次产品发行很成功,TDCV 在三个月内打破了市场领先者现代在中型卡车领域的垄断地位,并获得了 14% 的市场份额。2005 年,TDCV 的卡车总产量增加到约 6 000 台,创下了历史最高水平。TDCV 在韩国的市场份额增长到约 30%,现代的市场份额下降到约 51%,剩下的市场份额由其他外国公司占有。

  2005 年 12 月,TM 试探性地在印度推出了塔塔罗福斯(Tata Novus),企图与欧洲高端卡车进行竞争。塔塔罗福斯组装于印度的一家新工厂,而需要从 TDCV 进口的零件在最终产品价值中占比大约 75%。TDCV 还推出了右侧驾驶的卡车,作为左侧驾驶卡车的补充。尽管这些衍生版本是在韩国设计的,但是详细的客户建议则是由在制造和销售右侧驾驶卡车方面拥有丰富经验的 TM 所提供。

  TDCV 为提升销售和服务质量(这方面是 TDCV 公认的弱点)做了巨大努力。TDCV 旗下的大宇汽车销售公司专门负责管理大宇汽车和卡车的销售和服务。这个组织一贯专注于汽车运营业务,这也是 TDCV 主要的业务部分。

　　基于在尽职调查期间所获得的买家反馈，TM 决定将韩国地区的服务网点数量增加一倍。在 2004 年 3 月收购完成之前，这项扩张计划便已定下来。在接下来的两年中，服务网点已升级并采用了 DCVC 的品牌名称，服务网点数量也增加了一倍，达到 56 个。

　　TM 对客户的关注也导致了一些产品变化。一个项目是想通过改善卡车 MP3 音乐系统等方面来升级驾驶室。这个"皇室"（Royal）版本预计将在卡车销售额中占比 15%，但实际上，客户需求过高，以至于 TDCV 很难满足所有订单需求。

　　TM 决定，将 TM 和 TDCV 的国际销售和运营部分合并到一个部门。使用 TM 全面的销售和服务网络来支持 TDCV 的卡车业务，将会确保产品的全面整合。这一整合为 TM 提供了一个完整的产品系列，涵盖了由 TM 生产的轻型和低功率中型卡车，以及由 TDCV 生产的高功率的中型和重型卡车。TM 现在不仅是印度的一家中型卡车提供商，它还能进入新兴市场，并在发达国家参与竞争。

　　TM 证实了 TDCV 在其"世界卡车"（World Truck）项目中的核心作用，甚至于 2008 年 1 月 1 日首先在韩国而不是印度市场推出卡车。因为"世界卡车"项目的发展是这项收购重要的背后因素，所以 TM 重点关注产品设计系统的整合。TDCV 以强大的产品设计能力而享有盛誉，它仅雇用了约 100 名专业工程师，设计生产出约 90 个不同版本的产品。

　　为了确保"世界卡车"项目的有效整合和设计，TM 和 TDCV 的产品开发团队合并成了一支队伍，这是在两家公司内部的首次尝试。设计工作根据专业知识而被划分到两个部门，定期进行工作对接。他们还建立了研发工作的内部定价体系，TM 每年为 TDCV 承担的设计工作支付数百万美元。为了消除对内部定价可靠性的怀疑，公司聘用了外部顾问来查验这些服务的转移价格是否合理。

TM 将升级 TDCV 中的 IT 基础设施列为优先事项，以便支持"世界卡车"项目。TM 从尽职调查小组（其中包括一名 IT 专家）中了解到，TDCV 有一个薄弱的、落后 10—12 年的 IT 基础设施架构。TM 迅速采取行动，拟用 500 万美元的成本升级 IT 基础设施。由于大宇信息系统公司不能胜任这项任务，TM 再次选择了 TTL。通过与当地顾问一起合作，TTL 完成了 TDCV 的 IT 基础设施升级。

TM 还将其战略采购和电子采购系统引入 TDCV，TDCV 已多年未对其采购系统进行优化。TM 对这些重大 IT 基础设施的投资和 TTL 在这方面比大宇信息系统公司更加高效的管理能力，这给 TDCV 的管理层和员工留下了深刻的印象，再一次表明了 TM 的技术实力和长期投资的意愿。梅农对这项投资更深层次的价值做了如下解释：

> 有时候我们做出了一些决定，这些决定的成本很高，但却让我们被视为一家愿意接受他们的观点并愿意在韩国投资的企业。这也有助于整合两家公司的思维形式。我们证明了，我们将会长期经营这家企业。

DCVC 在引入 TM 会议模式来获得客户意见和反馈时遇到了阻力。DCVC 长期以来只生产卡车，而将销售和服务部分由大宇汽车销售公司管理。因此，DCVC 与客户的接触有限，也不愿意与他们接触。在第一次客户反馈会议结束之后，崔光玉意识到这能为他们带来富有价值的意见，并将其纳入自己日程表，同时要求 TDCV 的研发团队出席这些会议。

2006 年的处境

2006 年年初，TDCV 的执行管理团队决定偿还一半用于收购 TDCV 的 5 100 万美元贷款。虽然整个贷款都可以被收回，但是团队却考虑到未来的扩张，决定用 1 000 万美元来收购群山工厂附近的地块。因为这些地块被转化为其他用途的难度很大。因此，这项收购被广泛认为是 TM 对 TDCV 承诺的另一个信号。尽管 TM 印度总部的部分管理人员倾向于重新安排这些资金，然而最终也没能改变这项决定。

2006 年 5 月，TM 宣布 TDCV 业绩表现良好，为 TM 整体的强劲表现做出了贡献。TDCV 的业绩如表 7.1 所示。TM 对 DCVC 的收购和整合似乎取得了成功。

表 7.1 TDCV 的业绩

	2004—2005 年	2005—2006 年	变化幅度（%）
销售额（百万美元）	285.0	374.0	31.0
税后利润（百万美元）	5.0	13.8	176.0
总销量（辆）	4 540.0	5 734.0	26.3
国内市场份额（%）	29.1	28.1	-1.0
出口量（辆）	874.0	1 850.0	112.0
工厂生产力利用率（%）	72.0	78.3	6.3

注：会计年度截止日期为每年 3 月 31 日。

资料来源：Tata Daewoo Commercial Vehicle Co., Ltd。

注释

1. 本案例中所有引用的材料均来源于私人访谈或塔塔汽车公司提供的资料。

第8章

第一加勒比国际银行的信息系统：选择一个标准的运营环境

本案例由 Louis Beaubien 和 Sonia Mahon 撰写。本案例仅作为课堂讨论材料，作者无意暗示某种管理行为是否有效。作者对真实姓名等信息进行了必要的掩饰性处理。

未经 Richard Ivey School of Business Foundation 书面授权，禁止任何形式的复制、收藏或转载。本内容不属于任何版权组织授权范围。如需订购、复制或引用有关资料，请联系 Ivey Publishing, Richard Ivey School of Business Foundation, The University of Western Ontario, London, Ontario, Canada, N6A3K7; Phone：(519) 661-3208; Fax：(519) 661-3882; E-mail：cases@ivey.uwo.ca。

Copyright © 2004, Richard Ivey School of Business Foundation

版本：2009-10-09

第 8 章　第一加勒比国际银行的信息系统：选择一个标准的运营环境

2003 年 11 月 1 日，第一加勒比国际银行（以下简称"第一加勒比"）国际发展部经理弗朗西斯·约瑟夫（Francis Joseph）接到了一通电话。电话中，高级副总裁通知他，有关信息系统的提案需要尽快敲定，这将构成银行标准运营环境的基石。约瑟夫需要在一周之内向决策委员会汇报提案。

简　介

要弄清楚约瑟夫这个决定的背景，有必要了解第一加勒比是如何跻身于加勒比地区顶级银行之列的。第一加勒比由加拿大帝国商业银行（以下简称"CIBC"）和巴克莱银行（以下简称"巴克莱"）合并组建，二者在加勒比地区的总资产分别为 46 亿美元和 52 亿美元。不管是巴克莱还是 CIBC，其业务都未能覆盖整个加勒比地区，但大多说英语的国家（地区），都在他们的业务范围之内（见表 8.1）。第一加勒比将要开展业务的那些国家（地区）在很多方面都不同。这些国家（地区）的人口从 1 万到 250 多万不等，人均产值从 877 美元到 24 000 美元不等（见表 8.2）。

表 8.1　CIBC 和巴克莱在加勒比地区的分布情况

国家（地区）	CIBC	巴克莱
安圭拉		√
安提瓜和巴布达	√	√

（续表）

国家（地区）	CIBC	巴克莱
巴哈马	√	√
巴巴多斯	√	√
伯利兹		√
英属维尔京群岛		√
开曼群岛	√	√
多米尼加		√
格林纳达		√
牙买加	√	
圣基茨和尼维斯		√
圣卢西亚	√	√
荷属安的列斯群岛		√
圣文森特和格林纳丁斯	√	√
特克斯和凯科斯群岛	√	√

资料来源：*CIBC Economics*，*World Fact Book*，*Americas Review* 1999-*Economic Indicators*。

表8.2 加勒比地区的人口和人均产值

国家（地区）	人口（万）	人均产值（美元）
安圭拉	1	4 000
安提瓜和巴布达	7	8 419
巴哈马	28	13 847
巴巴多斯	27	7 750
伯利兹	23	2 688
英属维尔京群岛	2	12 000
开曼群岛	3	24 000
多米尼加	7	3 233

第8章　第一加勒比国际银行的信息系统：选择一个标准的运营环境

（续表）

国家（地区）	人口（万）	人均产值（美元）
格林纳达	10	877
牙买加	257	1 756
圣基茨和尼维斯	4	5 761
圣卢西亚	16	3 581
荷属安的列斯群岛	20	—
圣文森特和格林纳丁斯	11	—
特克斯和凯科斯群岛	2	6 000

资料来源：*CIBC Economics*, *World Fact Book*, *Americas Review 1999-Economic Indicators*。

加勒比地区岛屿众多，20世纪下半叶以前，该地区大部分国家（地区）都还是欧洲国家的殖民地。最初，该地区的银行是为了方便与殖民国家开展贸易，并为自己的政府提供服务而设立的。这些银行的绝大部分金融业务都是储蓄业务，也有少部分贷款和贸易融资业务。其中很多银行（如巴克莱），成立的目的是为水果、糖、朗姆酒和石油等商品的生产和贸易提供资金。尽管在加勒比地区，这些银行的许多分行都在盈利，但该地区的业务只是这些银行庞大全球业务的一小部分。

随着殖民时代的结束，为加强对经济的控制，加勒比地区的许多国家（地区）都收回了其产业（包括银行业）的所有权。20世纪80年代，银行业国有化的局限性突显，于是许多国有银行纷纷被私有化，最终导致金融业竞争加剧。此外，一些国际银行，如第一波士顿银行（CS First Boston）和西班牙的桑坦德银行（Santander Bank），也开始涉足加勒比市场，进一步加剧了竞争。为了提高国际竞争力，许多银行采取了联盟或合并的战略。然而，由于加勒比地区存在着许多中央银行和货币，在该地区进行银行合并难度很大。

三家银行

CIBC

自 1920 年以来,CIBC 一直在加勒比地区开展业务。合并之前,该行在 42 家分行和银行中心聘用了 1 600 名员工,为 35 万名客户提供服务。CIBC 西印度群岛控股有限公司(CIBCWIH)是该地区唯一一家自主经营综合业务的国际银行。20 世纪 90 年代,银行业进行了战略调整,各银行摒弃了此前重视"交易过程"的业务模式,转而发展"客户关系"。这种战略需要改变业务流程并适应信息技术的发展,将客户档案(个人与银行相关的所有账户和业务)作为独立的材料记录在银行的数据库中,而不是仅仅记录、跟踪单个账户或与指定单独账户相关的交易。实现这一愿景的关键在于信息技术平台的升级。

我们在此将 CIBC 选择的系统称为系统 A。1999—2001 年,部署系统 A 需花费约 4 800 万美元,既昂贵又费时。不过 CIBC 愿意使用该系统,因为该系统能为许多问题提供解决方案。CIBC 在加勒比地区大部分地区都使用了系统 A,但唯独在大开曼地区(Grand Cayman)采用了系统 B。与系统 A 相似,系统 B 同样是以客户为中心的,且更适用于 CIBC 在大开曼地区的缝隙市场。

巴克莱

在合并前,巴克莱在 14 个国家(地区)开展业务,拥有 1 531 名雇员。该行的大部分收入都来自企业银行业务(占比 45%),其次是离岸银行业务(占比 28%),最后是个人银行业务(占比 27%)。重视运营风险

第 8 章 第一加勒比国际银行的信息系统：选择一个标准的运营环境

管理是巴克莱在加勒比地区采取的一个关键战略。因此，该银行在拓展业务和开展新的资本项目时，立场比较保守。系统 C 是构成巴克莱网络基础的信息技术。除两个采用系统 D 的国家（地区）外，该银行在加勒比的其他国家（地区）都采用系统 C。

与 CIBC 采用的系统 A 不同，系统 C 的创新意义并不大，早在 10 年前，巴克莱就开始使用系统 C 了。系统 C 并不复杂，它不能将客户数据集成到统一的客户群信息中。不过，该系统是专门为巴克莱设计的，它能很好地模拟该银行的各项流程，不仅简单易学、使用方便，而且还容易推广。

第一加勒比

20 世纪 90 年代末，CIBC 和巴克莱进行了战略评估。随后，两家银行就它们在加勒比地区的银行业务合并事宜进行了讨论。最终他们决定组建一个新公司，这将是一个真正的"泛加勒比银行"。该公司独立运作，只保留原来两家银行的一部分行政管理部门。CIBC 和巴克莱将其资产转移到"第一加勒比"这个新公司，他们分别持有该公司约 44% 的股份，其余股份在加勒比地区的四个股票交易所（分别位于牙买加、特立尼达、巴巴多斯和巴哈马）向公众出售。

这个新公司拥有一个独一无二的优势——它是首家地区性银行。加勒比地区的银行要么是在一个或多个国家（地区）独立经营的国际银行，要么是在一个或多个岛屿上经营的某个国家的银行。第一加勒比将成为首家在起步、定位和运营方面兼具地区特色的银行，它的战略关键点在于开发出一套聚焦"客户关系"的信息系统。

第一加勒比的标准操作

约瑟夫工作伊始

第一加勒比由两家强大的银行共同创立,为了从它们的区域资源中获益,第一加勒比必须开发一个标准运营环境(standard operating environment,SOE)和平台来整合其信息和业务。第一加勒比在不同的地区共采用了四种系统:CIBC 在大开曼地区之外采用的都是系统 A,而在大开曼地区使用了系统 B;巴克莱在大多数地区采用的是系统 C,仅在开曼群岛和英属西印度群岛两个地区采用系统 D。

约瑟夫知道标准化运营是很重要的。新的信息系统将对第一加勒比未来的经营方式产生巨大的影响。这家新银行必须在不影响客户服务的情况下管理 CIBC 和巴克莱的业务和信息系统,同时还要满足财务报告合规的要求。此外,所有地区都必须采用这个新的信息系统,这不是简单地通过转换技术、培训员工、重启系统就可以实现的。约瑟夫必须找到一种方法,平稳地将新系统整合到第一加勒比的业务中。

除技术因素外,约瑟夫也很关注组织和人事问题。在加勒比地区,CIBC 和巴克莱有着不同的商业历史,文化差异很大。由于这两个银行都是独立的经营个体,因此,它们不仅在企业文化方面存在差异,而且在加勒比地区不同的国家(地区)之间的经营方式也有所不同。所有员工都面临着不确定性:合并后会发生什么?他们会不会丢掉工作?他们所熟悉的组织会不会突然被一个新的、陌生的组织所取代?

第一加勒比的股东们尤为关注合并所带来的影响,但两家银行最关心的还是这次整合的速度和质量。新信息系统的部署必须在特定的时间内完

第 8 章　第一加勒比国际银行的信息系统：选择一个标准的运营环境

成，并且不能对客户或组织的运作造成太大的干扰。第一加勒比的管理层也有这些担忧，他们同时也希望新的信息系统能有助于后续战略的实施。

两家银行的员工之间也存在争论。巴克莱和 CIBC 的企业文化差异巨大。巴克莱的员工都加入了工会，他们的薪酬往往高于 CIBC，而 CIBC 在全球所有的分行都没有工会。在合并过程中，双方反复讨论了第一加勒比是否要设立工会这一问题，以及主要由 CIBC 前员工组成的管理团队会对组织带来什么影响。最后他们决定，第一加勒比设立工会，并沿用与巴克莱相似的薪酬体系（尽管薪资增幅不大）。

两家银行在技术性基础设施方面存在重叠和冗余，双方在努力使资源合理化配置的过程中，产生了另一个争论点。合并前，CIBC 在加勒比地区有三个数据中心，巴克莱有两个。CIBC 和巴克莱都分别在巴巴多斯和巴哈马建立了一个数据中心（CIBC 在牙买加还有一个数据中心）。由于第一加勒比正在实施区域一体化战略，需要整合信息系统和资源，如此布局的数据中心是极其低效的。

在审查了数据中心的业务和所在地所涉法律问题之后，他们最终决定把数据中心由五个缩减至两个。考虑到巴哈马有严格的隐私保密法，因此有必要在这里设立一个数据中心。第二个数据中心最合理的位置似乎是巴巴多斯，因为它是第一加勒比的总部所在地。而在这两个地区，CIBC 的数据中心在技术和办公地点方面都比巴克莱更胜一筹，因此，CIBC 的原数据中心会转为第一加勒比的数据中心。其余三个数据中心将在过渡期间关闭。

在合并过程中有许多问题需要协商，工会的设立和数据中心地点的选择就是两个最好的例子。因此，执行团队行事十分谨慎，以确保双方（CIBC 和巴克莱）都有机会表达他们的偏好和担忧。尽管各方都尽心尽力，执行团队的决定还是会不可避免地引发分歧和不满。信息系统的任何整合或部署都必须考虑到这些敏感问题。

在这两个组织的合并过程中，必须保证良好的客户服务质量，这样才不会引发客户的担忧，并避免客户流失。因此，需要保持员工的忠诚度，并确保员工不会感到被疏远或没有参与感。此外，在整个加勒比地区，存在四个不同的信息系统和相应的操作模式。因此，无论约瑟夫选择采用哪个系统，都需要对员工进行大量的培训。

约瑟夫必须决定哪个信息系统是第一加勒比的最佳选择。怎样构建一个可以满足组织所有需求的信息系统，同时又不给员工造成困扰呢？约瑟夫必须在周末之前做出决定。他深知这一决定将在很大程度上决定第一加勒比是否能够成功组建。

信息系统的选择

系统 A

1999—2001 年，CIBC 大规模地投资了加勒比地区的信息系统业务。基于对行业稳定性和使用情况的调查，CIBC 决定在全球范围内使用系统 A。系统 A 是一个以客户为中心的信息系统，负责处理所有内部流程，如处理交易和记录客户档案数据等。该系统的运行遭遇了一个难题，就是对于许多加勒比地区标准的银行业务程序和工作流程，系统 A 都无法适用。因此，为适应不同的业务程序和工作流程，该系统植入了大量的定制组件。在所有待选系统中，系统 A 的技术最为先进，但需要的培训量也可能最大。

虽然从表面上看，定制组件是一个不错的办法，但它的确也存在缺陷。定制的成本很高，部分由 CIBC 总部买单，因为加勒比地区是由总部提供技术支持的。然而，合并后，这笔费用将改由第一加勒比承担。在与系统 A 供应商的协议中，供应商只负责在合同期内把系统升级到最新版本，不包括升级定制组件。这笔额外的费用令第一加勒比望而却步。因此，如果第一加勒比决定继续使用定制系统，它只能选择不升级系统 A 的核心组件，同时承担旧版本不再适用的风险。或者，第一加勒比也可以选择在没有定制组件的情况下使用系统 A，并探索能适应这样一个系统的组织流程。

尽管系统 A 的有效性需要建立在大量培训的基础上，但这些额外投资和培训成本带来的回报是值得的。系统 A 在统一数据库上运行，可以通过中央网络进行管理。此外，系统 A 可以整合处理第一加勒比所需的所有信息，包括个人账户、商业和公司账户，以及投资和贷款账户。

在研究系统 A 时，约瑟夫有许多东西要考虑。从银行的角度来看，这个系统在功能上有很多优势。除此之外，它还具有一些约瑟夫认为可以优化工作流程的优势——可以从一个中心位置控制该系统，这样就更易于对信息技术业务和人员进行管理。

系统 B

CIBC 仅在一个地区使用了系统 B。早在 CIBC 对系统 A 进行大规模投资前，该地区就购买了系统 B。系统 B 运行良好，不需要任何特殊的定制组件，并且能与系统 A 很好地连接起来。由于系统 B 先于系统 A 投入使用，在数据接口和通信方面与外部兼容，总部的管理层允许该地区继续使用系统 B。不仅如此，系统 B 还紧跟 CIBC 最新的战略，即专注关系型银行业务。

从基础设施方面来看，系统 B 的运作方式与系统 A 相似。它支持系统和数据的集中管理。但是，系统 B 只可用于在一个区域内跨多个分行整合系统和数据。在过去的实践中，如果要向该区域以外传送数据（如财务报表），需要先在当地对数据进行合并，然后再提交给中央网络。系统 B 从未被用于整合任何外来数据，或是编制报告用的综合报表，然而这种功能非常重要，约瑟夫不确定系统 B 是否能够胜任，尤其是考虑到它不能像系统 A 那样处理商业信息时。

系统 C

巴克莱在大多数地区使用的都是系统 C。虽然该系统初次设计于 20 世纪 80 年代末，但它经过了几次迭代，并在掌握了巴克莱的操作程序后才最终得以构建。由于该系统是专门为巴克莱开发的，巴克莱总部可以自主决定该系统以后的开发和维护。虽然第一加勒比可以继续使用这一系统，但巴克莱无法保证会提供所有未来的升级或服务。

系统 C 有趣的一点在于系统的独立性，这对第一加勒比来说是把双刃剑。系统 C 不是在一个中央网络上运行的，每个单元都可以根据本地环境进行定制。尽管任何新系统的实施都会遇到一些阻力，但是系统 C 可定制化的特点也许会减少阻力。在第一加勒比将要开展业务的地区，基础设施参差不齐。系统 C 灵活性最高，无论该地区技术水平高还是低，都可以适用。

然而，系统 C 的这种独立性和灵活性是有代价的。一方面，第一加勒比的综合银行战略将受到阻碍。银行将不得不依靠人工整合大量不同形式的数据（包括客户个人信息、财务信息、地区监管信息等），或者定制一个技术方案，对所有数据进行必要的分类。约瑟夫担心进一步提高信息整合级别，无论是人为地还是通过别的技术手段，都可能导致更多的错误。另一方面，由于该系统不是为了信息整合而搭建的，因此，对数据进行备份会非常复杂。

第 8 章　第一加勒比国际银行的信息系统：选择一个标准的运营环境

系统 C 在成本方面优势颇多，它不仅在众多系统中成本最低，而且已在各地区广泛应用。由于它是一个基于账户的系统，所以它同样能够处理零售、贷款、商业或公司账户信息。约瑟夫担心这会制约银行推行的客户驱动战略。他想知道，银行是否需要一个综合系统来配合客户关系型战略的推行，还是仅靠人工就足够了？他是否已经准备好管理两个系统，即系统 C 和另一个用于整合数据和信息的定制系统？

系统 D

巴莱克之前在两个地区使用系统 D。系统 D 将每个客户视为独立的个体，这与"以客户为中心"的战略相一致。因此，系统 D 更适用于巴克莱在欧洲的业务程序，这与加勒比地区截然不同，后者采用的是以账户为基础的系统 C。

系统 D 虽然是一个综合系统，但它的特点是可以整合个人和公司的银行业务资料。它可以合并与客户有关的所有信息，包括往来账户、贷款，以及与个人可能控制或拥有的业务或公司相关的账户。然而，相较于系统 A，系统 D 在深度整合营销信息和投资账户相关信息方面会弱一些。

系统 D 是围绕一个次级中央网络设计的。换句话说，它可以整合一个区域的所有资料，然后在这些资料的基础上生成一份报告。尽管只有两个地区使用系统 D，但它们还是需要单独向巴克莱总部报告财务信息。跨地区融合或许可行，但从未有人尝试过。约瑟夫怀疑该系统没有足够强大的信息系统来完成非常重要的整合任务。

与其他系统供应商不同的是，系统 D 的供应商为第一加勒比提供了一个特别的机会，就是参与系统 D 的联合开发。与其简单地进行系统定制，不如在系统 D 的基础上，开发一个更适合第一加勒比的新系统。这样做的好处是，可以围绕第一加勒比有针对性地设计这个系统，这样该银行所有的需求都可以得到满足。它的缺点在于，没人能保证该系统能够按时交付、不超预算，并实现所有期望的功能。

决策时刻

约瑟夫应该选择哪个系统呢？虽然第一加勒比不具备母公司那样的资源，但约瑟夫知道整合的预算不是最重要的。因为，本质上，无论最终选择哪个系统，成本都不会相差太多，而且不会超出第一加勒比的预算。因此，约瑟夫的选择必须以逻辑为依据，而不是仅仅看成本。一旦做出决定，约瑟夫必须思考如何将其付诸实践。

第9章

第一加勒比国际银行统一协调薪酬和福利

本案例由 Edward Corbin 和 Betty Jane Punnett 撰写。本案例仅作为课堂讨论材料，作者无意暗示某种管理行为是否有效。作者对真实姓名等信息进行了必要的掩饰性处理。

未经 Richard Ivey School of Business Foundation 书面授权，禁止任何形式的复制、收藏或转载。本内容不属于任何版权组织授权范围。如需订购、复制或引用有关资料，请联系 Ivey Publishing，Richard Ivey School of Business Foundation，The University of Western Ontario，London，Ontario，Canada，N6A3K7；Phone：(519) 661-3208；Fax：(519) 661-3882；E-mail：cases@ivey.uwo.ca。

Copyright © 2004，Richard Ivey School of Business Foundation

版本：2009-10-09

第 9 章　第一加勒比国际银行统一协调薪酬和福利

引　言

整合团队的负责人已经与人力资源转型团队的负责人和成员会面，他们强调必须确保各银行的人力资源管理体系从相对独立到完全整合的平稳过渡。人力资源管理体系的转换和整合比两个团队最初预计的可能还要复杂。既然巴克莱和 CIBC 的合并正在进行，他们就必须整合双方不同的制度和程序。第一步是会见各银行的人力资源代表，以了解人力资源政策的实施现状。第二步是为合并后成立的新公司（第一加勒比）重建人力资源管理体系，并确保两家银行的员工都能接受这一体系。合并的一个关键是薪酬和福利的协调，这点必须得到优先解决。

背　景

巴克莱在加勒比地区经营业务已经有 150 年之久。CIBC 在该地区也享有悠久的历史，早在 20 世纪 20 年代就在该地区开设了第一批办事处。两家银行在当地都久负盛名，备受尊崇。然而，两家银行都未能在当地占据主导地位，加勒比地区的业务只是他们全球业务中相对较小的一部分，且就战略而言，其重要性不如他们在亚洲的业务。尽管两家老牌银行在加勒比地区能够获利，但为了持续盈利并提升竞争优势，他们需要下足功夫。在这一严峻背景下，两家银行都曾试图用新的运营方式来替代传统的运营方式。最后的结果就是他们决定合并各自在加勒比地区的业务，成立一个新的公司，即现在的第一加勒比。鉴于运营效果和服务质量的提高，可能说，这次合并催生了一个更高效的组织。

在取得监管机构的同意之前，巴克莱和CIBC的董事们开始讨论两家国际银行进行战略联盟的相关事宜。这个战略能有效应对竞争压力，顺应规模经济的全球趋势，并创建一个具有国际竞争力的组织。第一加勒比总部将设在巴巴多斯，该国家是位于加勒比群岛东部的一个小岛，岛上大约有27.5万人口。巴巴多斯有民主的政府体系和稳定增长的经济，并作为该地区和世界上最发达的发展中国家之一而闻名。

巴克莱是巴克莱国际（Barclays International）的一个分支，在加勒比地区14个国家（地区）开展业务。巴克莱的优势在于传统的地区优势、稳健的离岸和国际业务、专业的信用卡业务和深厚的企业关系网。截至2001年12月31日，巴克莱在加勒比地区的银行业务净收入为7 260万美元，总资产达到52亿美元。

CIBC在该地区的8个国家（地区）开展业务，共设有42家分行和银行中心。它在产品创新方面处于领先水平，开展了新兴的资本市场业务，并拥有该地区最好的技术平台之一。截至2001年10月31日，CIBC在加勒比地区的净收入为6 780万美元，总资产达到46亿美元。

通过这次合并，第一加勒比将成为加勒比地区英语国家中唯一一个能提供全面服务的银行，总资产基数将达到100亿美元，雇员3 000人，业务遍及15个国家（地区）。合并后第一加勒比有望"成为加勒比地区第一个奉行'客户第一，员工第一'的金融服务机构"。本次合并的一个关键愿景是要成为本地区金融服务行业的首选雇主之一。

在合并会谈正式开始之前，双方的董事和CEO就尽职调查进行了讨论，这一过程大约持续了两年。2002年年初，双方达成了合并的决定，对完成合并要采取的措施做了初步的评估。两家银行派出各自的代表，组成一支整合团队来监督合并过程。整合团队一方面要促成合并的顺利完成，另一方面要确保现有员工继续完成原来的银行业务，从而使目前的客户业务尽可能地不受影响。从客户的角度看，这次合并应该是无缝衔接的。

整合团队成立了许多工作小组来完成以上目标。这些工作团队将重点放在了主要的运营领域。一个关键点是人力资源管理体系的整合，人力资源部的领导人是一位来自巴克莱国际的人力资源高管。本次人力资源管理体系整合的目标是确保两家银行的雇员得到平等对待，整合两个独立且截然不同的人力资源管理体系，并尽可能地使原有的正常业务免受影响。

挑　战

人力资源部所面临的任务是调查两家银行的现行政策和做法，评估从两个体系向一个体系转换的路径，并向整合团队提出建议。建议方案需在整合的成本范围之内，而且要符合初期转化的文化原则。在方案付诸实施之前，必须得到高层管理者和整合团队的正式授权，并充分考虑代表工人利益的工会组织。此外，必须保证两家银行的股东和第一加勒比未来的股东都认同合并相关的财务决策。本次合并还面临着另外一项挑战，即政府和监管部门都会直接或间接地影响合并，要求合并后的人力资源管理体系达到法律标准。

人力资源整合战略需要考虑组织各层级的员工。这些战略应该包括为整合后的银行挑选员工，处理冗员，建立培训和发展计划，协调薪酬和福利体系。更加复杂的是，第一加勒比要在15个国家（地区）运营，而每一个国家（地区）都有自己关于人力资源的法规条例和不同的薪酬等级制度。一个关键问题是，雇员有当地的、地区内的、地区外的，每个群体都有自己特殊的期待和要求。当地雇员是指在自己国家工作的人（比如巴巴多斯人在巴巴多斯工作）；地区内雇员是指来自加勒比地区的员工（比如特立尼达人在圣文森特和格林纳丁斯工作）；地区外雇员是指那些来自加勒比地区以外的员工（比如加拿大人在牙买加工作，在本案例中，特指加拿大或英国的员工被派到加勒比地区工作）。

值得注意的是四个加勒比国家（地区）的每日最低工资：158 巴巴多斯元（巴巴多斯）；800 牙买加元（牙买加）；100 东加勒比元（圣吉斯）；1422 圭亚那元（圭亚那）。

在合并之前，巴克莱和 CIBC 在加勒比地区有截然不同的企业文化和人力资源政策：

- 在巴克莱，"铁饭碗"观念及其所伴随的文化影响根深蒂固，而在 CIBC 没有这种情况；
- CIBC 比巴克莱更注重产品创新；
- CIBC 有单一的、更加完整的信息技术平台，其名称为统一中央银行系统（Integrated Central Banking System，ICBS），而巴克莱有一个未整合的多平台系统；
- 巴克莱雇员的薪酬和福利待遇比 CIBC 丰厚；
- CIBC 有一个更明确的、可操作性更强的绩效管理系统，绩效薪酬和业务挂钩，而巴克莱的薪酬体系在一定程度上更取决于劳资关系；
- CIBC 在该地区开展业务的方式更积极进取；
- 巴克莱是巴克莱国际的一个分支机构，而 CIBC 则是一个独立的法人实体；
- 工会会深度介入巴克莱的业务，而 CIBC 的业务基本上没有工会介入。

以上的企业文化必须与更基础的人力资源管理体系加以整合。

第9章　第一加勒比国际银行统一协调薪酬和福利

薪酬和福利协调小组

人力资源整合团队最重要的任务之一是协调薪酬和福利体系。由于这个领域比较特殊，该团队专门成立了一个薪酬和福利协调小组以协助人力资源整合团队的工作。薪酬和福利协调小组由两位来自英国的薪酬和福利专家。他们成立了一个八人小组，其中包括两名当地的人力资源部门高层代表，一个代表CIBC，另一个代表巴克莱。这样做是为了确保两家银行有同样的代表人数，并且在考虑薪酬和福利体系时，有当地的意见代表。

人力资源整合团队采用的一个战略是，在高级管理层的支持下，将他们的协调过程限定在由银行和工会之间达成的框架性协议之内。最重要的原则是，新银行的所有员工不能因为协调过程而受到不利影响。薪酬和福利协调小组在工作设计中可以不与工会进行协商。但作为整合过程的一部分，该小组的最终决策需要与工会协商并确认。

薪酬和福利协调小组必须考虑两家银行的现有薪酬和福利体系。该小组被授权调查有关薪酬和福利的现状，进行严密的分析，做出有依据的统筹决策。这一过程必须在第一加勒比的第一个办公日前完成。时间紧迫，所有团队必须以行动为导向。

事实概要

薪酬和福利协调小组必须克服一些内部挑战。来自英国的专家顾问和法律专家之间的文化差异使事情变得更加复杂，因为双方对所讨论问题的立场和角度存在差异。小组要搜集两家老牌银行的核心人力资源政策资料，以帮助制定决策。由于有最后期限，团队也面临着巨大的时间压力。他们也必须不断地权衡人力资源政策可能引致的财务和成本问题，其中一些问题在本质上涉及情感和文化。

相关事实说明如下：

- CIBC 的薪酬范围比巴克莱更宽。CIBC 的薪酬范围是 75%—125%，而巴克莱的一般人员薪酬范围是 75%—110%，管理人员的薪酬范围是 85%—110%。
- CIBC 58% 的管理人员和 32% 的一般人员的薪酬低于巴克莱薪酬范围的下限。
- 尽管与巴克莱相比，CIBC 有统一中央银行系统，但两家银行都没有使用先进的薪酬标杆数据（salary benchmark data）方法。
- 仅有 19 名 CIBC 员工（8 名行政人员，11 名管理人员）的薪酬超过了巴克莱薪酬范围的上限。
- 根据雇员级别、部门绩效和个人表现，CIBC 和巴克莱的员工将参与不同的分红计划。
- 相较于巴克莱，CIBC 的轿车福利需要更高的员工级别才能享受，这项福利非常丰厚。
- 与 CIBC 管理人员相比，更多的巴克莱的管理人员可从轿车贷款方案中受益。
- 巴克莱的管理六级可获赠轿车，在 CIBC 只有达到第七级才有可能获赠轿车。

巴克莱和 CIBC 的薪酬范围和职位分类、分红计划见表 9.1 和表 9.2。

第9章 第一加勒比国际银行统一协调薪酬和福利

表 9.1 巴克莱和 CIBC 的薪酬范围和职位分类

巴克莱	员工数（人）	CIBC	员工数（人）	职位分类
非职员		第一级	60	非行政人员
第一级	528	第二级	574	行政人员
第二级	402	第三级	365	行政人员
第三级	298	第四级	275	监督人员
第四级	149	第五级	120	监督人员
管理六级	32	第六级	121	初级管理人员
管理五级	53	第七级	82	中层管理人员
管理四级	44	第八级	31	中层管理人员
管理三级	13	第九级	6	高级管理人员
管理二级	7	第十级	4	高级管理人员
管理一级	3	第十一级	0	领导层
高级董事	2	高级管理层	1	领导层

资料来源：公司文件。

表 9.2 分红计划

巴克莱员工层级	占基本工资比重范围（%）	CIBC 员工层级	占基本工资比重范围（%）	第一加勒比员工分红占基本工资的比重范围（%）
（a）绩效薪酬计划				
第一级	0—12.0	第一级	0—10.0	
第二级	0—12.0	第二级	0—10.0	
第三级	0—12.0	第三级	0—10.0	0—15.0
第四级	0—12.0	第四级	0—16.0	
		第五级	0—16.0	

(续表)

巴克莱员工层级	占基本工资比重范围（%）	CIBC员工层级	占基本工资比重范围（%）	第一加勒比员工分红占基本工资的比重范围（%）
（b）利润分享计划					
管理六级	0—24.5	第六级	0—20.0	
管理五级	0—24.5	第七级	0—24.0	
管理四级	0—24.5	第八级	0—30.0	0—30.0
管理三级	0—24.5	第九级	0—42.0	
管理二级	0—24.5			

获得轿车的员工数、单辆轿车价格限制和福利成表如表9.3所示。

表9.3　轿车福利计划

巴克莱员工层级	员工数（人）	单辆轿车价格限制（美元）	福利成本（美元）	CIBC员工层级	员工数（人）	单辆轿车价格限制（美元）	福利成本（美元）
管理六级	32	28 000	896 000	第六级	121	无法获得轿车福利	
管理五级	53	28 000	1 480 000	第七级	82	35 000	2 870 000
管理四级	44	28 000	1 232 000	第八级	31	57 500	1 782 500
管理三级	13	33 000	429 000	第九级	6	57 500	345 000
管理二级	7	50 000	350 000	第十级	4	57 500	230 000
管理一级	3	60 000	180 000				

薪酬调查

薪酬和福利协调小组最初的工作包括严格分析与两家银行薪酬结构相

关的正式文件。开展薪酬调查并将统计结果汇总是该小组的主要任务（见表9.4）。

表9.4 巴克莱和CIBC员工信息比较

	CIBC	巴克莱	差异	备注
总薪酬（美元）	41 071 150	51 480 386	10 409 236	巴克莱工资总支出高出CIBC 25.34%。其中法定福利高出0.9%，非法定福利高出3.69%
员工数（人）	1 639	1 531	108	CIBC员工人数比巴克莱员工人数多7.05%
员工平均薪酬（美元）	25 058.85	33 625.34	8 651.49	巴克莱员工平均薪酬高于CIBC
分红占总薪酬比例（%）	5.83	10.34	4.51	巴克莱的分红计划更慷慨，除新员工外的其他人都享受分红计划
员工福利占总薪酬比例（%）	11.56	15.69	4.13	巴克莱的福利待遇更丰厚，特别是对于管理人员而言
法定福利占总薪酬比例（%）	2.77	3.69	0.92	要求和比例随着地区的不同而不同，变化幅度不超过1%
非法定福利占总薪酬比例（%）	8.79	11.48	2.69	巴克莱给员工提供的非法定福利更丰厚

资料来源：巴克莱与CIBC薪酬和福利团队文件。为保密，数据有所修正。

薪酬和福利协调小组发现，尽管CIBC比巴克莱多雇用了约7%的员工，但巴克莱的薪酬总支出要比对方高出约25%。巴克莱较高的平均工资（包括薪酬和福利）反映出巴克莱较高的雇工成本：巴克莱的平均员工成本为39 559美元，而CIBC的平均员工成本为29 481美元。

人力资源管理问题

为了给整合团队提供建议,人力资源整合团队需要权衡各种方案的成本和收益。关键的内部利益相关者是两家银行及第一加勒比的管理人员和一般职员。外部的利益相关者是工会、客户、股东及当地政府。同时兼顾以上这些利益相关者的诉求并不容易。整合方案要从利润的角度出发,注重实效,同时也要关注员工的士气和客户满意度。

因为巴克莱员工的薪酬和福利比 CIBC 要高,所以前者占有优势。雇用合同中应该明确这些条款,通过减少薪酬和福利来改变这一状况会产生负面影响。第一加勒比不会希望以不良的劳资关系和低迷的员工满意度为起点。合并的消息一经发布,就传出有关老员工未来情况的谣言,这使员工心生不安。工会对薪酬和福利等敏感问题的反应也尤其需要关注。

工会因素

工会在两家老牌银行经营地的大多数岛屿上基础深厚,工会成员正逐步施加他们的影响力。这是正常的,因为薪酬和福利一直是雇员和雇主之间争议颇多的议题。这些方面在合并后往往会发生巨大变化。在开始讨论合并之前,巴克莱的工会已经存在;CIBC 则是在合并过程中才组建了工会。

两家银行也不想在内部尚未稳定的情况下开业。在和其他老牌国际银行(如加拿大丰业银行和加拿大皇家银行)竞争激烈的情况下,董事会并不想破坏两家老牌银行苦心经营多年的商誉。这一考虑与维护商业客户密切相关，因为商业客户对新银行的信心自其成立之初就至关重要。

薪酬和福利协调小组的选择

薪酬和福利协调小组正在考虑以下三个方案。

方案一

所有 CIBC 员工从他们现在的职位上转到巴克莱相应的同级职位。如果需要将他们转到更高层级时，相对的层级人数比率应保持不变。这个方案不会增加巴克莱员工的工资。

方案二

在这个方案中，巴克莱员工的薪资等级将向 CIBC 的薪资等级靠拢。

方案三

这是一个更为复杂的方案，把包括管理人员在内的所有 CIBC 员工的薪酬福利调至巴克莱的最低水平，这涉及标准工资限额在 75%—85% 的巴克莱和 CIBC 的员工。所有目前收入低于巴克莱最低工资标准的 CIBC 员工的薪酬福利都将上调至巴克莱的最低标准，以保护那些低于最低工资标准的一般职员的工资收入。

例如，CIBC 和巴克莱的普通职员的工资将根据个人在职级内的职位而上调 1%—3%。上调幅度灵活可变，以保证原有的工资级差，并确保没有人"超越"他们的同事。如果在区间内统一上调，工资级差可能难以得到保证。

决策时间

经过八周紧锣密鼓的会议，薪酬和福利协调小组仔细分析了所有资料，权衡了各种选择。他们必须通过人力资源整合团队提出方案。薪酬和福利协调小组面临的问题是："第一加勒比作为新银行开始运营时，它的最佳选择是什么？"该小组领导知道，他们提出的方案必须由人力资源整合团队进行分析后，然后才能提交给决策委员会进行最终审批。

第10章

雷诺—日产联盟：进一步的整合是否会带来更多协同效应？

本案例由 Wiboon Kittilaksanawong 和 Caroline Palecki 撰写。本案例仅作为课堂讨论材料，作者无意暗示某种管理行为是否有效。作者对真实姓名等信息进行了必要的掩饰性处理。

未经 Richard Ivey School of Business Foundation 书面授权，禁止任何形式的复制、收藏或转载。本内容不属于任何版权组织授权范围。如需订购、复制或引用有关资料，请联系 Ivey Publishing, Richard Ivey School of Business Foundation, The University of Western Ontario, London, Ontario, Canada, N6A3K7；Phone：(519) 661-3208；Fax：(519) 661-3882；E-mail：cases@ivey.uwo.ca。

Copyright © 2015, Richard Ivey School of Business Foundation

版本：2015-10-19

第10章 雷诺—日产联盟：进一步的整合是否会带来更多协同效应？

雷诺—日产联盟（Renault-Nissan Alliance，RNA）是汽车行业中历史最为悠久的联盟，截至2014年3月，它已经走过了15个年头。到2015年4月，全世界每卖出10辆汽车，就至少有一辆来自雷诺—日产联盟。[1]该联盟是在保留双方各自品牌和公司形象的基础上，根据互相尊重的原则成立的。2014年4月1日，为了加速整合，雷诺—日产联盟针对四个关键职能推出了整合计划，到2016年实现43亿欧元的年化协同和成本缩减，比2013年增加54%。[2]这四个职能分别是研发、生产及物流、采购和人力资源。然而，这一整合计划引出了一系列重要的问题：该战略是否能通过更高的产能、标准化的质量、流程规范的创新提高规模经济效应？统一管理两家文化迥异的独立公司的成本是否大于收益？该战略是否能成功支撑雷诺—日产联盟在发达国家和新兴国家的目标市场中竞争？进一步的整合是否会削弱联盟最初相互尊重对方的契约，进而危害联盟的长期竞争力和稳定性？联盟是否应该考虑通过邀请新成员的加入来加强稳定性？

全球汽车产业

为了应对产品线拓宽、全球竞争和规模经济的挑战，汽车产业已经越来越重视联合。尽管包括美国和西欧等传统成熟市场的汽车产业发展已经减速，但是新兴市场——金砖四国（巴西、俄罗斯、印度和中国）——的市场正在扩大，并占据全球轻型汽车销量的一半以上。[3]成熟市场的轻型汽车替代产品（如公共交通、共享汽车和二手车）正在发展。消费者对价格更敏感，对品牌的忠诚度更低，同时自家汽车的使用年限也有所延长。汽车制造商需要面对与汽车安全和二氧化碳排放相关的更严苛的新政策。因此，汽车制造商需要开发新技术，同时保证价格具有竞争力。在新兴市场，需要调整已有的汽车型号和技术来适应本土市场，同时通过本土生产和拓展渠道来降低生产成本。然而，对于汽车制造商来说，想要在成熟市场和新兴市场成功，关键点都是抢占市场，在成本、质量和款式上占据优势。[4]

该行业中有几个大型零部件供应商为汽车制造商供货，同时也有一批小型的、高度专业化的供应商。后者大部分是原始设备制造商（original equipment manufacturers，OEM），主要依赖与少数几家汽车制造商的业务往来生存。由于这些供应商被要求以同样的价格提供附加值更高的产品，他们受到来自汽车制造商的挑战越来越多。[5]例如，在没有得到互惠承诺的情况下，供应商被要求投资于高度专业化的设备或满足客户特殊需求的专门技术，来保证全球规模的生产能力。

采购部门的角色

汽车制造商一般将一半以上的必要零部件制造工作外包出去[6]，采购成本约占汽车最终总成本的70%。[7]对于年产量超过1 000万辆的世界第一大汽车制造商丰田来说，成功的秘诀在于与供应商建立合作关系。[8]从20世纪80年代开始，汽车制造商们开始采用准时制（just in time，JIT）生产技术，减少供应商的数量，专注于长期可持续的合作关系，用有限的供应商来保证生产品质和研发时间。

日本汽车制造商最擅长在经连会（keiretsu）下与供应商发展长期友好的关系。经连会是一个非正式的商业集团，它由业务关系密切或相互持股的公司组成。[9]西方的大型汽车生产商与零部件供应商是相对独立的关系，但丰田却大力支持供应商提高产能。相应的，供应商能够以极具竞争力的价格给丰田提供个性化的复杂部件[10]。雷诺—日产联盟与供应商的交易关系居于相互独立和十分密切之间。值得一提的是，雷诺—日产联盟和它的核心部件供应商关系密切，而与次要部件的供应商保持着相互独立的交易关系。

雷诺—日产联盟

雷诺—日产联盟由两个汽车制造商以战略伙伴关系结合而成。雷诺总部位于法国巴黎，日产总部位于日本横滨。雷诺—日产联盟在1999年3月27日正式成立，雷诺购买了日产36.8%的股份。[11]卡洛斯·戈恩（Carlos Ghosn）被任命为雷诺—日产联盟的CEO。联盟建立的核心原则之一是双方尊重彼此的独立法人身份。从20世纪90年代末到21世纪初，汽车行业发生了无数的并购。[12]雷诺—日产联盟的首要目标是将日产从破产的边缘拯救回来。此次复兴日产的计划以大力削减运营成本开始，同时明确战略方向。2001年，"复活"之后的日产购买了雷诺15%的股份，而雷诺对日产的持股比例增加至43.4%[13]（详见图10.1）。

雷诺—日产联盟的主要目标是通过削减成本、提升品质、加强创新，发挥在价值链各个部分的协同效应（详见表10.1）。联盟让双方可以共享技术和方案，并更易于进入新市场。雷诺可以从日产在亚洲和北美的强势

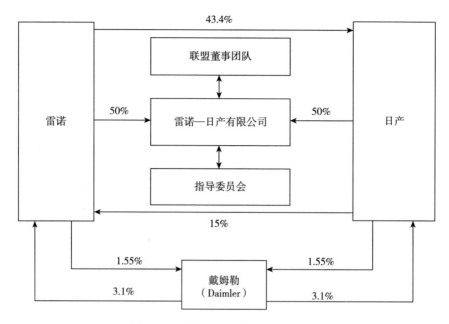

图 10.1　雷诺—日产联盟的股权结构

资料来源：Renault Nissan, "Alliance Facts and Figures 2014" 2014, www.nissan-global.com/EN/DOCUMENT/PDF/ALLIANCE/HANDBOOK/2014/BookletAlliance2014_GB.pdf, accessed August 20, 2015。

地位上获益，而日产可以借鉴雷诺在欧洲、拉丁美洲和俄罗斯的成功经验。该联盟的目标是在质量、技术和盈利上成为汽车生产商前三名。同时，它们坚守着原则，即尊重彼此的品牌形象、文化和组织流程。双方都意识到，合作必须基于信任和互惠的战略决策。日产和雷诺的财务数据和全球销售数据如表 10.2 所示。

表 10.1　联盟发挥协同效应的历程

年份	联盟发挥协同效应的历程	
1999	签订联盟协议	日产复兴
2000	—	
2001	—	
2002	—	

第10章 雷诺—日产联盟：进一步的整合是否会带来更多协同效应？

（续表）

年份	联盟发挥协同效应的历程	
2003	—	交流最佳经验，并开拓联盟
2004	—	
2005	—	
2006	—	
2007	—	
2008	—	艰难的整合
2009	创收15亿欧元，成立雷诺—日产有限公司专用团队	
2010	创收16亿欧元	
2011	创收17亿欧元，同时宣布实行新的管理培训计划	
2012	创收27亿欧元	支持中期计划和发展
2013	创收约28亿欧元	
2014	—	

资料来源：Renoult Nissan, "Alliance Focts and Figures 2014," 2014, www.nissan-global.com/EN/DOCUMENT/PDF/ALLIANCE/HANDBOOK/2014/BookletAlliance2014_GB.pdf, accessed August 20, 2015。

表10.2 财务数据和全球销售数据

日产的财务数据（1999—2014）

	1999	2005	2013	2014	2014年与1999年相比
净收入（百万日元）	-684 363	518 000	389 000	457 600	增长167%
毛利率（%）	1.4	9.2	4.8	5.2	增长3.8个百分点

雷诺的财务数据（1999—2014）

	1999	2013	2014	2014年与1999年相比
净收入（百万欧元）	534	695	1 998	增长274%
毛利率（%）	5	1.3	2.2	降低2.8个百分点

日产的全球销售数据（1999—2014）　　　　　　　　　　　　　　　　　　单位：辆

国家/地区	1999	2005	2013	2014	2014 年与 1999 年相比
日本	758 603	842 062	678 824	623 000	减少 18%
美国	874 160	1 075 097	1 248 421	1 400 000	增长 60%
欧洲	500 836	540 945	651 476	755 000	增长 51%
中国	不详	不详	1 266 167	1 222 000	不详
墨西哥	不详	不详	264 463	不详	不详
其他	281 834	1 111 191	993 628	1 318 000	增长 368%
总计	2 415 433	3 569 295	5 102 979	5 318 000	增长 117%

雷诺的全球销售数据（2013—2014）　　　　　　　　　　　　　　　　　　单位：辆

国家/地区	2013	2014
欧洲	1 301 864	887 010
法国	547 693	577 601
俄罗斯	210 099	194 531
巴西	236 360	237 187
印度	64 368	44 849
其他	267 824	771 254
总计	2 628 208	2 712 432

资料来源：Nissan,"Nissan Motor Corporation Annual Report 2015," 2015, www.nissan-global.com/EN/DOCUMENT/PDF/ALLIANCE/HANDBOOK/2014/BookletAlliance2014_GB.pdf, accessed August 20, 2015。

下一步的整合战略

自联盟成立以来，雷诺—日产联盟通过整合实现了双方的发展。雷诺—日产联盟在 2001 年成立了雷诺—日产采购机构（Renault-Nissan Pur-

第 10 章　雷诺—日产联盟：进一步的整合是否会带来更多协同效应？

chasing Organization，RNPO）来实现规模经济的最大化。为了更好地落实战略，发挥协同效应，2002 年成立了雷诺—日产有限公司，这是一个由合作双方等量持股的战略管理公司。雷诺—日产有限公司是一个公正的平台，能够让雷诺和日产交换想法，共同制定战略，发挥各自竞争优势，利用各自的资源，实现最大的协同效应。[14]

到 2009 年，雷诺—日产有限公司成立了一个由联盟主管组成的专用团队，用来推进整合、分享最佳方案、发挥协同效应。雷诺—日产联盟于 2010 年在印度金奈设立了第一个合资制造工厂和技术中心。[15]工厂将基于通用模块组生产汽车，并于 2015 年在印度市场正式启用。可搭载通用模块系统平台将利用汽车结构的模块化系统，涵盖大部分可搭载的汽车种类。为了将效率和品牌差异最大化，模块化系统中具有兼容性的组件，可被组装成几百种不同的配件。

2014 年 4 月 1 日是整合过程中的一个里程碑，这一天联盟推出了四个整合计划。[16]两个公司一起管理项目的关键职能部门，每个职能部门由联盟高管监管，同时管理委员会监督项目实施过程。

在市场占有率、国际竞争、技术研发和成本控制方面，联盟无疑使两个公司实现了互利互惠。到 2013 年，雷诺—日产联盟售出了近 830 万辆汽车，成为全球第四大汽车生产商[17]（详见表 10.3）。联盟已经实现了全球扩张的目标，在俄罗斯、法国、墨西哥、土耳其和日本实现了 10% 的市场占有率。然而，雷诺—日产联盟在中国、德国、美国、英国和巴西还需要提升竞争力。通过联盟，双方在研发上共享专业技术并互相分担成本，以应对汽车市场未来需求的变化趋势。值得一提的是，雷诺—日产联盟是世界领先的插入式电动汽车生产商，2014 年汽车全球销量超过 20 万辆，在零排放汽车市场上占有 58% 的份额。[18]

表 10.3　大型汽车生产商 2013 年销售业绩

	销售业绩（百万欧元）
丰田	9.8
通用五菱	9.7
大众保时捷	9.5
雷诺—日产联盟	8.3
现代起亚	7.4
福特	6.3
菲亚特—克莱斯勒	4.4
本田	4.3
标志雪铁龙	2.8
铃木	2.7
宝马	2.0
戴姆勒	1.8
马自达	1.3
三菱	1.0

资料来源：Renault, "Renault Nissan Alliance Facts and Figures 2014," 2014, www.nissan-global.com/EN/DOCUMENT/PDF/ALLIANCE/HANDBOOK/2014/BookletAlliance2014_GB.pdf, accessed August 20, 2015。

邀请新的合作伙伴

在获得这些发展的同时，雷诺—日产联盟还邀请了新伙伴加入，以获得新的市场和技术。2008 年，雷诺和日产分别收购了伏尔加（AvtoVAZ）25% 和 17% 的股份。伏尔加是俄罗斯最大的汽车制造商，拥有俄罗斯最畅销的汽车品牌"拉达"（Lada）。[19] 这次收购让雷诺—日产联盟成功打入了俄罗斯汽车市场。2015 年 1 月，雷诺—日产联盟设立了伏尔加—雷诺—日产采购

第10章 雷诺—日产联盟：进一步的整合是否会带来更多协同效应？

机构（AvtoVAZ-Renault-Nissan Purchasing Organization，ARNPO），在实现零件采购本土化的同时，鼓励全球供应商将公司运营扩展到俄罗斯。[20]雷诺—日产联盟和伏尔加双方都期待实现技术升级、品质提升和成本削减。

2010年，雷诺—日产联盟决定和戴姆勒建立合作关系。戴姆勒是一家德国高端汽车制造商。雷诺—日产联盟通过收购戴姆勒3.1%的股份来发展技术、提升效率[21]。2013年，雷诺—日产联盟、戴姆勒和福特合作，共同开发燃料电池电动汽车技术。[22]同年，雷诺加快了它全球扩张的步伐，它和中国国有企业东风汽车合资设立了武汉工厂，各自拥有该工厂50%的投资额。[23]因为东风和日产早在十多年前就在中国开始合作，雷诺—东风合资企业将在厂房建设和运营方面充分发挥协同效应。2014年，日产和三菱组建了合资公司，双方各持有一半的股权，目的是研发以迷你车为基础的电动汽车，实现在主要汽车制造商中的最低售价。[24]这个合资公司也允许日产和三菱共享技术，共同分担研发成本。

合作战略中存在一些挑战，其中包括寻找合适的、能够认同联盟原则并有效合作的伙伴。雷诺—日产联盟在2009年经历过这些挑战。当时它决定要通过与印度本土的生产商Bajaj合作，生产低成本迷你汽车，因为Bajaj在生产低成本产品方面比较专业，对印度市场也比较了解。然而，双方没有在迷你汽车的质量和安全性上达成一致意见。[25]雷诺—日产联盟只能终止在印度的平台共享计划。

雷诺—日产联盟逐渐扩大采购和共享最优方案的规模

合并采购业务

RNPO是雷诺和日产之间最大的共享组织，它能够有效促进协同效应的产生，负责雷诺和日产所有的全球采购业务。从 2009 年开始，RNPO 全权负责合作伙伴的采购业务（与之相比，2001 年 RNPO 成立的时候仅负责 30%的采购业务）。[26] 因此，联盟在面对供应商时，议价能力大大增强，制造投入的直接和间接成本也大大降低。从 RNPO 成立开始，日产最显著的变化是戈恩解散了传统的、低效的经连会。[27]

在雷诺—日产联盟形成之前，日产及其经连会下的供应商之间通过财务关系联系在一起。供应商被看作日产的一部分，日产拥有供应商的一部分股权。然而，这种基于信任和商誉建立的关系并不高效。这些供应商的零部件价格通常比市场价格要高一点。随着汽车行业趋于合并，经连会显然弱化了日产在行业中的竞争优势。与之相反，雷诺实行全球零部件（尤其是电子零部件）外包，成为当时最具竞争力的汽车制造商之一。[28] 通过分享最优方案，日产备受鼓舞，并采用了雷诺的供应商筛选流程，这样通过筛选的供应商能够以最具竞争力的价格供应最优质的产品。

日产同时也被鼓励将很多零部件外包出去，这些零部件曾由公司内部生产或与供应商联合生产。在那时，雷诺帮助日产挑选供应商。合作伙伴供应商的组合加强了联盟对供应商的议价能力，反过来又促进了效率提升和成本削减。从成立开始，RNPO 就成为联盟内创造协同效应的主要驱动力。2013 年，通过整合采购流程，RNPO 创造了价值 10.36 亿欧元的协同效应，占联盟总协同效应的 37%。[29] 这份成功得益于联盟为合作双方制定了公平的利益分配规则。雷诺向日产分享筛选优质供应商的方案，并帮助日产降低采购成本，同时，日产帮助雷诺优化其生产流程。

在这之后，联盟在印度建立起最大的共享平台，合作伙伴可以通过它共同外包零部件，以提升效率，缩减成本，同时简化采购流程。[30] 在俄罗斯，雷诺、日产和伏尔加在 2015 年 1 月合并了它们的采购业务。[31] 新的 ARNPO 参照 RNPO 的标准，管理三方在俄罗斯的采购活动。由于合并了三方的采购业务，ARNPO 成为俄罗斯最大的买方，加速了伏尔加融入全球汽车产业链的进程。

通过共享平台和通用模块组实现标准化

2013 年，联盟启用了通用模块组，它是一个由五个通用、可交替使用的模块组成的结构，包括发动机舱、驾驶舱、前车底、后车身及电力和电子设备部分。[32]通用模块组让工程师能够混合使用一些共用零部件，这样可以更好地实现零部件的统一采购。联盟的目标是，到 2018 年借助通用模块组完成 70% 的汽车生产。通用模块组使联盟在汽车数量和区域覆盖上最大程度地实现了规模经济，并使每个模块至少节约了 30%—40% 的总成本。创新性的通用模块组显著地降低了联盟的采购成本，同时保证了双方独立的品牌形象和产品多样性，能够更好地服务不同的市场。

雷诺—日产联盟加快合作步伐

受到日产的启发，雷诺—日产联盟优化了新车生产流程中的"制造原理"（Monozukuri）。"Monozukuri"在日语中的意思是"制造东西"，它体现在日产高度整合的价值链中，从设计制造到配送环节，保证了以低成本生产出高质量的产品。[33]整合的关键要素是采购、制造、物流和配送。正是因为设立了跨部门团队，采购部门不仅遵从工程师做出的决定，还在决策过程中有一定影响力。通过参与前期产品研发会议，采购部门可以有效影响选用零件的决定，为联盟最大程度地节省成本。从"Monozukuri"的理论上看，联盟预期能够每年降低 4% 的直接成本。[34]

除了改进现有技术，雷诺和日产也共同承担研发新技术（比如电动汽车和电池）的成本。两家公司都分别与它们的电池供应商共享研究成果（LG Chem 是雷诺的电池供应商[35]，日本电气是日产的电池供应商[36]）。因此，联盟生产的电动汽车品质优良、价格优惠。日产聆风（Nissan Leaf）于 2010 年 12 月发布，是世界上第一款大规模生产的零排放汽车。日产聆风现在已经成为最畅销的电动汽车品牌之一，2014 年销售量超过 10 万台，占全球市场份额的 45% 以上。[37]

通过和当地企业合作，联盟同时提高了市场适应性。特别的是，雷诺和日产通过在印度的通用模块组中学会了"节俭式创新"（frugal innovation）[38]，以实现在新兴市场发行超低价汽车的目标。[39] 通过和印度工程师的合作，雷诺—日产联盟能够用更少的零部件和更短的研发时间适应本土市场。充分利用当地的供应基地对于联盟在印度落实成本控制战略至关重要。有了当地供应商的助力，雷诺—日产联盟还开发了一种废料循环系统，该系统能将用过的材料转化为新的零部件。

雷诺—日产联盟与供应商的共创

当戈恩于 1999 年 10 月启动复兴计划时，最初的举措之一就是要解散日产采购系统中的经连会。雷诺—日产联盟的零部件采购自此逐渐转变为独立的贸易往来。尽管如此，2004 年在新的采购政策[40]中，雷诺—日产联盟已经重新整合了在交易中考虑特定供应商关系的某些做法。自此，其采购流程也开始强调对供应商进行投资，以获取潜在收益。

首先，雷诺—日产联盟建立了对供应商绩效的连续监测体系，并与其供应商共享监测结果。每年，最优质的供应商都会受到公开奖励。这一政策激励了供应商们不断输送物美价廉的零部件。同样，联盟也让供应商们越来越相信，它们将从这样的关系中获益。其次，雷诺—日产联盟还根据供应商贡献的方案及优化质量、成本和运输的能力来评估其绩效。[41]

作为交换，雷诺—日产联盟通过合作向供应商投资，帮助他们优化产品和生产流程。联盟组建了多功能团队来与供应商们合作，共同开发新的零部件，或者优化现有产品。这样的合作包括直接在供应商的生产基地参与技术升级和改造。为了鼓励供应商们进行创新，雷诺—日产联盟组织专家在研发初期与供应商共同组建了工作团队，保持着长期的合作关系。[42]

雷诺—日产联盟通过多种激励方式，成功说服供应商们参与这样的合作。通过借鉴雷诺—日产联盟宝贵的知识和经验，将生产规模提升到联盟合作伙伴的水平，并紧跟国际扩张的步伐，供应商们可以提升自身的竞争力。重要的是，供应商同样能够凭借溢出效应，获得更高的市场认同度和声望。[43]

由于供应商能以更好的品质、更短的研发时间、更专业的技术来生产具有价格竞争力的零部件，雷诺—日产联盟也能从共创关系中获益。通过和供应商建立牢固的合作伙伴关系，雷诺—日产联盟能够更专注于提升核心竞争力，在具有成长潜力的战略项目（如电动汽车和迷你汽车）上进行投资。这些合作伙伴在新兴市场中十分关键，因为新兴市场缺乏有技术且灵活的供应商。例如，通过投资于伏尔加，雷诺—日产联盟能够确保在俄罗斯有充足的优质零件供应。[44]

整合的挑战

成本缩减 VS. 重视质量和创新

尽管产业专家和媒体最初都质疑雷诺—日产联盟能否成功，但事实证明联盟是非常成功的。在1999年，日产年报显示其净亏损6 840亿日元，但到2014年，其净利润达4 580亿日元。日产2014年的利润率高达5.2%，高于行业平均利润率2个百分点。[45]与之类似，雷诺开始向其他国家进军，并实现了成本缩减、技术升级和质量提升。雷诺的净利润在1999—2014年之间提高了274%。两家公司的股价在1999—2014年也都有所上涨：日产的股价上涨了50%，而雷诺的股价上涨了一倍以上。[46]

尽管如此，为了达成共赢局面，两位联盟成员都不得不为此付出一些代价。一些日产的工程师认为，公司过分重视成本控制，而忽略了质量和创新，这令人遗憾，所以他们不愿意与雷诺的供应商合作。[47]尽管价格是消费者购买新车的重要考虑因素，但这并不是唯一的因素。发达国家的消费者认为，质量、安全性、知名度和性能是其购买新车时最重要的四个考虑因素。[48]增加雷诺—日产联盟不同车型中通用部件的数量，也将增大某一批次品部件影响更多车辆的概率。这一风险暴露于2013年，当时日产因为安全气囊故障，不得不在北美召回一百万辆轿车。这次召回事件涉及七个车型，包括当地的一些畅销款。在2013年，由于方向盘故障，日产再次在全球范围内召回约841 000辆轿车。[49]可见，大规模生产零部件时采取更高程度的标准化，其风险不仅体现在财务指标上，而且还会影响公司声誉和品牌形象。

生产时更高程度的标准化（如在预设的平台和模块方面）也使雷诺—日产联盟在创新投入上做出妥协。日产的工程师们不愿意与雷诺的供应商合作，也反映出过度缩减成本可能不利于雷诺—日产联盟内部的开发与创新。[50]工程师们可能被局限在传统设计和现有车型中，而无法进行更多的创新。这可能会阻碍联盟在新兴市场的扩张，然而在新兴市场上进行产品的本土化改造又是至关重要的。举例来说，雷诺决定用罗根（Logan）车型进军印度市场，罗根是现有低成本车型中的一种。因为这个决定，雷诺的供应商没能实现足够的本土化。公司只在印度生产50%的重要零部件，这一比例远低于其竞争对手。罗根的发动机（该车最昂贵的组件之一）也是从法国进口的。[51]因此，罗根的低价格不足以吸引印度消费者，也无法在印

第 10 章　雷诺—日产联盟：进一步的整合是否会带来更多协同效应？

度的轿车市场占据有利的竞争地位。

作为一个长期可持续的联盟战略，雷诺—日产联盟本应在有创新潜力的项目上进行投资。但相反，它们仅仅将目光聚焦在插入式电动汽车上。管理层低估了混合动力汽车的市场潜力，而混合动力汽车在发达国家的市场份额正在逐步扩大。[52]结果，丰田凭借其普锐斯（Prius）车型，成功确立了其全球领先的地位。[53]可以说，雷诺—日产联盟高估了插入式电动汽车的市场潜力。2013 年，戈恩承认其电动汽车销量至少落后其目标四年，并将之归因于基础设施建设的缓慢。[54]事实上，雷诺—日产联盟的管理层在投资该项目前，并未对电力供应部门和基础设施进行充分调研。

日产达特桑（Nissan Datsun）在印度与塔塔纳米（Tata Nano）之间的竞争也是一个失败的例子。在全球新车评估项目中，一个国际车辆安全组织将日产达特桑评估为零星级，并建议日产撤回该系列车型，而日产认为该车型符合当地的所有安全标准。[55]雷诺进入新兴的中国市场的时间同样也太晚。雷诺于 2013 年进入中国市场，而当时其他所有的主要竞争对手都早已进入该市场。作为中国市场的后入者，雷诺很难与当地的合作商和供应商建立战略合作关系，也很难与现有的竞争对手们相抗衡。

整合与灵活性

雷诺和日产的企业文化迥异。双方需要大量的时间来达成一致的战略决定，并将其落地。在联盟灵活性上这样的妥协，将随着更多参与者的加入和合作者的一体化而得到缓解。联盟内的合作者要想维持现状会变得越来越难。举例来说，雷诺—日产联盟将需要更长的时间来达成一致协定，不止需要在联盟内（如来自雷诺、日产、戴姆勒、伏尔加、东风和三菱的跨部门团队）达成一致协定，也需要与外部合作者（如零部件供应商和其他汽车生产商）达成一致协定。产品上市时间（汽车行业的一个重要指标）无疑将会被推迟。原本基于双赢的战略原则可能难以持续。

为了实现更大的规模经济，这两家公司开始推动组织流程的融合。那么，它们需要在多大程度上放弃其自身的企业文化和形象来实现一体化？在 2008 年，日产对低成本轿车业务进行升级时，没有借用雷诺生产罗根的平台，而是决定开发自己的新平台，这打破了联盟增加此前共用通用模块的战略。[56]雷诺—日产联盟未来的战略（如标准化）是否会威胁联盟双方约定的互相尊重原则？

CEO 的领导力和接班人计划

雷诺—日产联盟的成功，很大程度上得益于戈恩的领导力。他给予两家公司一定的自主性，保持双方的独立性，同时促进双方建立互利互惠的合作关系。为了使雷诺—日产联盟实现进一步的一体化，从而提高效率，戈恩通过一定的高压手段，使两家公司的管理层共享设计方案和零部件。推动一体化的弊端是很难保持两家公司的独立性，也很难使两家公司处于平等的地位。

61 岁的戈恩希望，电动汽车、无人驾驶汽车业务的推行和成本缩减战略能将雷诺—日产联盟送上世界三大汽车制造商的宝座。考虑到戈恩的业绩记录，即使其上述的愿望能够顺利实现，是否有人能够顺利接过他的接力棒？行业内大多数高层领导都年逾 50 岁。日产和雷诺都没有明确的接班人能够担此重任。雷诺—日产联盟至少运营着三家汽车公司（雷诺、日产、伏尔加），需要使用三种不同的官方语言。其领导人将负责全球范围内 10% 的汽车销量，在 2014 年价值共计 1 150 亿欧元。[57]同时，雷诺—日产联盟共拥有戴姆勒 3.1% 的股权；反过来，戴姆勒则拥有日产和雷诺两家公司各 3.1% 的股份。是否有人能够接戈恩的班,管理如此庞大复杂的公司?

联盟下一步的战略举措

戈恩正在考虑将第三家全球性汽车生产商整合到雷诺—日产联盟中,以进一步发挥协同效应,并筹集资金,以适应来自成熟市场和新兴市场新的法规、趋势和需求。[58]雷诺—日产联盟试图与美国通用汽车公司合作,但这一合作尝试于 2006 年宣告失败。[59]雷诺与日产长期合作所带来的知识和经验,是否有助于戈恩识别合适的合作者,并成功管理新的联盟呢?邀请新伙伴的加入是否会稀释雷诺—日产联盟的核心价值和形象,并使组织的复杂性和成本升高?

由于新的协同效应需要进一步整合,两家公司是否需要合并?两家公司在联盟成立之初就明确表示不会合并。尽管如此,考虑到相互依存的关系和整合程度的加深,合并似乎有一定的合理性。或者,两家公司可以拆分成两个更小的个体,在高度整合的汽车产业中一起前进。

2014 年 4 月,在雷诺的年会上,戈恩为雷诺—日产联盟制定了一个目标——成为全球三大汽车生产商之一。为了实现这个目标,公司需要在 3 年内将其市场规模和利润提升 33%,这样才能在 2017 年年末实现 8% 的全球市场份额和 8% 的毛利率。这一雄心意味着,联盟需要征服金砖四国的市场。然而,巴西和中国的经济增速正在放缓,俄罗斯的经济正在衰退。此外,在日产聆风上投资的 50 亿欧元,回本遥遥无期。戈恩不得不承认,雷诺—日产联盟的发展仍然前路漫漫。

注释

1. "The Renault-Nissan Alliance Reports Record Sales of 7,276,398 Units in 2010," January 28, 2011, www.nissan-global.com/EN/NEWS/2011/_STORY/110128-02-e.html, accessed August 20, 2015.

2. "Renault Nissan Alliance Facts and Figures 2014," www.nissan-global.com/EN/DOCUMENT/PDF/ALLIANCE/HANDBOOK/2014/BookletAlliance2014_GB.pdf, accessed August 20, 2015.

3. "McKinsey Report—The Automotive Industry: 2020 and Beyond."

4. J. H. Dyer, *Collaborative Advantage: Winning Through Extended Enterprise Supplier Networks*, Oxford University Press, Oxford, 2000.

5. "Global Automotive Supplier Study," September 9, 2013, www.rolandberger.com/press_releases/Global_automotive_supplier_study.html, accessed August 20, 2015.

6. F. Lettice, C. Wyatt and S. Evans, "Buyer-supplier Partnerships During Product Design and Development in the Global Automotive Sector: Who Invests, in What and When?" *International Journal of Production Economics*, 127(2), 2010, pp. 309-319.

7. Dyer, op. cit.

8. R. Vaghefi, "Creating Sustainable Competitive Advantage: The Toyota Philosophy and Its Effects," *FT.cam*, 2001.

9. K. Aoki and T.T. Lennerfors, "The New, Improved Keiretsu," *Harvard Business Review*, 91(9), 2013, pp. 109-113.

10. Ibid.

11. Renault-Nissan Alliance, Facts and Figures, 2014.

12. J. MacDuffie and C. Benko, "Auto Industry Consolidation: Is There a New Model on the Horizon?" January 25, 2006, http://knowledge.wharton.up-

enn. edu/article/auto-industry-consolidation-is-there-a-new-model-on-the-horizon/, accessed August 20, 2015.

13. "Nissan and Renault Cement Ties," October 30, 2001, http://news.bbc.co.uk/2/hi/business/1627671.stm, accessed August 20, 2015.

14. "The Alliance," op. cit.

15. "Renault-Nissan Confirms New Vehicles Specifically Tailored for Growth Markets," July 16, 2013, http://blog.alliance-renault-nissan.com/contentlrenault-nissan-confirms-new-vehicles-specifically-tailored-growth-markets, accessed August 20, 2015.

16. "The Alliance," op. cit.

17. "Renault-Nissan: Can Anyone Succeed Carlos Ghosn?" December 29, 2014, http://fortune.com/2014/12/29/renault-nissan-carlos-ghosn, accessed August 20, 2015.

18. "Renault-Nissan Sells Its 200,000th Electric Vehicle," November 26, 2014, www.nissan-global.com/EN/NEWS/2014/_STORY/141126-02-e.html, accessed August 20, 2015.

19. "Renault-Nissan and Russian Technologies Create Joint Venture to Finalize Strategic Partnership with AvtoVAZ," December12, 2012, www.media.blog.alliance-renault-nissan.com/news/renault-nissan-and-russian-technologies-create-joint-venture-to-finalize-strategic-partnership-with-avtovazl, accessed August 20, 2015.

20. "Renault-Nissan Alliance and AVTOVAZ to Create New, Merged Purchasing Organization in Russia," December 15, 2014, http://blog.alliance-renault-nissan. comlcontentlrenault-nissan-alliance-avtovaz-create-new-merged-purchasing-organization-russia, accessed August 20, 2015.

21. "Renault-Nissan Alliance and Daimler AG Announce Wide-ranging Strategic Cooperation," April 7, 2010, www.daimler.com/dccom/0-5-7171-1-1286487-1-0-0-0-0-1-8-7164-0-0-0-0-0-0-0.html, accessed August 20, 2015.

22. "Daimler," January 28, 2013, www.daimler.com/dccom/0-5-7171-1-156

9731-1-0-0-0-0-12037-0-0-0-0-0-0-0.html, *accessed* August 20, 2015.

23. "Renault-Dongfeng One Year Later," December 16, 2014, http://blog.alliance-renault-nissan.com/blog/renault-dongfeng-one-year-later-0, accessed August 20, 2015.

24. "Nissan, Mitsubishi to Join Hands on Low-cost Electric Car," August 4, 2014, http://asia.nikkei.com/Business/Deals/Nissan-Mitsubishi-to-join-hands-on-low-cost-electric-car, accessed August 20, 2015.

25. "Renault Not to Partner Bajaj; Holds Plans of Low-cost Cars," March 28, 2014, www.moneycontrol.com/news/business/renault-not-to-partner-bajaj-holds-planslow-cost-cars_1060049.html, accessed August 20, 2015.

26. "Renault-Nissan Alliance Recognizes Its 10-year Anniversary and Takes a New Step Forward," www.nissan-global.com/EN/DOCUMENT/PDF/AR/2009/AR09E_P14_Renault-Nissan_Aliance.pdf, accessed August 20, 2015.

27. "The Renault-Nissan Alliance in 2008: Exploiting the Potential of a Novel Organizational Form," HBR.

28. G. Douin, "Behind the Scenes of the Renault-Nissan Alliance," translated by Rachel Marlin, École de Paris du Management, Paris, 2002.

29. "Renault-Nissan Alliance Posts Record € 2.9b Synergies in 2013 ahead of Launch of First Common Module Family Vehicles," July 2, 2014, www.media.blog.alliance-renault-nissan.com/news/renault-nissan-alliance-posts-record-e2-9b-synergies-in-2013-ahead-of-launch-of-first-common-module-family-vehicles/, accessed August 20, 2015.

30. "The Renault-Nissan Alliance Inaugurates Plant in Chennai, India," March 17, 2010, www.nissan-global.com/EN/NEWS/2010/_STORY/100317-01-e.html, accessed August 20, 2015.

31. "Renault-Nissan Alliance and AVTOVAZ to Create New, Merged Purchasing Organization in Russia," op. cit.

32. "Common Module Family (CMF): A New Approach to Engineering for the Renault-Nissan Alliance," June 19, 2013, www.nissan-global.com/EN/

NEWS/2013/_STORY/130619-01-e.html, accessed August 20, 2015.

33. P Pringle, "Monozukuri—Another Look at a Key Japanese Principle," July 23, 2010, www.Japanintercultural.com/ en/news/default. aspx? newsid = 88, accessed August 20, 2015.

34. "Renault 2016—Drive the Change," February 10, 2011, www.media.renault.com/global/en-gb/renaultgroup/media/pressrelease.aspx? mediaid = 27137, accessed August 20, 2015.

35. "Renault Inks MOU with LG Chem to Jointly Develop Future EV Batteries," May 24, 2014, http://myrenaultzoe.com/index. php/2014/05/renault-inks-mou-with-lg-chem-to-jointly-develop-future-ev-batteries/, accessed August 20, 2015.

36. "Nissan Joins with NEC to Produce Lithium Ion Batteries," May 19, 2008, http://wot.motortrend.com/nissan-Joins-with-nec-to-produce-lithium-ion-batteries-1002. html#_federated = 1, accessed August 20, 2015.

37. "Nissan LEAF Global Sales Reach 100,000 Units," January 20, 2014, www.nissan-global. com/EN/NEWS/2014/_STORY/140120-03-e. html? rss, accessed August 20, 2015.

38. "Frugal Innovation: Lessons from Carlos Ghosn," HBR.

39. "Renault-Nissan Confirms New Vehicles Specifically Tailored for Growth Markets," op. cit.

40. Aoki and Lennerfors, op. cit.

41. "The Renault-Nissan Purchasing Way," www.nissan-global.com/EN/DOCUMENT/PDF/SR/Renault_Nissan_Purchasing_Way_English. pdf, accessed August 20, 2015.

42. "The Renault-Nissan Purchasing Way," op. cit.

43. Faurecia, Activity Report 2012, www.faurecia2012-activity-report. com/en/consolidating-our-assets/four-activities/faurecia-automotive-seating. html, accessed August 20, 2015.

44. "Renault-Nissan and AvtoVAZ Create Common Purchasing Organization in Russia," September 18, 2013, www. media. blog. alliance-renault-nissan. com/news! renault-nissan-avtovaz-create-common-purchasing-organization-in-russia/, accessed August 20, 2015.

45. S&P 500 Sectors and Industries Profit Margins, December 31, 2014, www. yardeni.com/pub/sp500margin.pdf, accessed August 20, 2015.

46. "Renault-Nissan: Can Anyone Succeed Carlos Ghosn?" op. cit.

47. "Ghosn: Resistance to Renault Suppliers is Healthy," May 19, 2003, www. autonews.com/article/20030519/SUB/305190818/ghosn:-resistance-to-renault-suppliers-is-healthy, accessed August 20, 2015.

48. "Consumer Reports: Car-buying Guide," www.cfah.org/file/Getting_Tools_Used/consumer.pdf, accessed August 20, 2015.

49. "Nissan to Recall 841 000 Vehicles Worldwide due to Steering Wheel Glitch," May 24, 2013, www. reuters. com/article/2013/05/23/us-nissan-recall-idUS-BRE94M06A20130523, accessed August 20, 2015.

50. "Ghosn: Resistance to Renault Suppliers is Healthy," op. cit.

51. "What Went Wrong with Logan," November 10, 2009, www.business-standard. com/article/companies/what-went-wrong-with-logan-109111000042_1. html, accessed August 20, 2015.

52. "Ghosn Says Not Time for Hybrids Yet," April 20, 2006, http://paultan. org/2006/04/20/ghosn-says-not-time-for-hybrids-yet/, accessed August 20, 2015.

53. "Worldwide Prius Sales Top 3-million Mark; Prius Family Sales at 3.4 million," July 3, 2013, www.greencarcongress.com/2013/07/prius-20130703. html, accessed August 20, 2015.

54. "Cost of Electric Vehicles Outweighs Their 'Green' Credentials," November 20, 2014, www.ft.com/intl/cms/s/0/73ed8758-650f-11e4-ab2d-00144feabdc0. html#axzz300zCtR8K, accessed August 20, 2015.

第10章 雷诺—日产联盟：进一步的整合是否会带来更多协同效应？

55. "Renault-Nissan：Can Anyone Succeed Carlos Ghosn?" op. cit.
56. "The Renault-Nissan Alliance in 2008：Exploiting the Potential of a Novel Organizational Form," op. cit.
57. "Renault-Nissan：Can Anyone Succeed Carlos Ghosn?" op. cit.
58. "The Renault-Nissan Alliance in 2008：Exploiting the Potential of a Novel Organizational Form," op. cit.
59. "GM Talks with Renault and Nissan End in Disagreement," *Financial Times*. October 5, 2006, www. ft. com/intl/cms/s/0/604ed924-540e-11db-8a2a-0000779e2340.html#axzz370T4Gw9G, accessed August 20, 2015.

第11章

联想二度收购IBM：文化整合能否复盘？

本案例由冉爱晶、刘小兵、董家伟、刘跃坤和崔淼撰写。本案例仅作为课堂讨论材料，作者无意暗示某种管理行为是否有效。作者对真实姓名等信息进行了必要的掩饰性处理。

中国管理案例共享中心拥有该案例版权，并授权该案例本书之一部分结集出版，本书编者对此表示感谢。

未经 Richard Ivey School of Business Foundation 书面授权，禁止任何形式的复制、收藏或转载。本内容不属于任何版权组织授权范围。如需订购、复制或引用有关资料，请联系 Ivey Publishing, Richard Ivey School of Business Foundation, The University of Western Ontario, London, Ontario, Canada, N6A3K7; Phone: (519) 661-3208; Fax: (519) 661-3882; E-mail: cases@ivey.uwo.ca。

Copyright © 2016, Richard Ivey School of Business Foundation

版本：2016-12-22

第 11 章 联想二度收购 IBM：文化整合能否复盘？

2014 年 1 月，联想集团对 IBM（International Business Machines Corporation）x86 服务器的收购终于结束了。这次收购持续了 8 个多月，然而还存在一系列的问题。涉及 PC+战略[1]和企业级业务的二度收购，究竟是一个难得的机会，还是一个巨大的负担呢？十多年前那次跨国收购的文化整合让联想在业内享有盛誉，其成功经验引起很多企业效仿。然而这次的二度收购与之前有所不同。

2014 年年初，联想董事长杨元庆自信地告诉媒体，收购后第一年的企业级业务目标是收入达到 50 亿美元[2,3]。然而，公司当前的状况并不乐观。由于 IBM、Oracle、EMC（一家专注于生产信息存储设备的美国 IT 公司）逐渐被市场淘汰，以及中国对国内信息安全相关的政策愈发重视，IBM x86 服务器在中国的市场份额从 18% 急剧下降至 11%，是当时排名前七的企业中跌幅最大的[4]。

联想宣布收购计划之后，它的服务器市场份额就被惠普（HP）和戴尔（Dell）等竞争对手挤占了。在联想举行新员工欢迎仪式的前一天，惠普把自己拆分成了两个独立的上市公司——"惠普企业"（HP Enterprise）和"惠普公司"（HP Company）。前者从事企业级业务，包括服务器、数据存储设备和服务；后者则主攻个人电脑（PC）和打印机业务[5]。作为联想在 PC 行业的前竞争对手，惠普的行动表明了它想在服务器行业占有一席之地。在后 PC 时代[6]，竞争越来越激烈，整合刻不容缓。

2011 年 9 月，在收购 IBM 的 PC 部门 6 年后，联想集团郑重宣布："我们成功实现了国际化。"一年后，时任联想集团董事长的柳传志在清华管理全球论坛（Tsinghua Management Global Forum）中表示，"联想和 IBM

的 PC 部门的企业文化和核心价值观是完全一致的，收购成功的原因就在于此。"[7]

2013 年，联想成为全球第一大 PC 生产商。虽然巨大的成功让联想欢欣鼓舞，但联想在通过收购来实现国际化的道路上从未止步。杨元庆是这样说的："联想常年都有收购的目标和计划，就像人每天都要吃饭一样。"随后，2014 年 1 月 23 日，联想集团董事长正式宣布以 23 亿美元收购 IBMx86 服务器，7 500 名 IBM 员工加入联想[8]。

未来联想将会在 PC、移动设备和企业级业务领域全面发展。然而，联想收购 x86 服务器并没有带来市场份额的增长，反而导致了市场份额的下滑[9]。促使联想首次收购大获成功的文化整合战略，可以直接在"复盘"[10]后用于 x86 服务器的收购吗？还是需要寻求其他途径呢？

背 景

2004 年 12 月 8 日，北京五洲大酒店被各大媒体的记者们围得水泄不通。柳传志激动地向各界宣布：

> 联想集团以 12.5 亿美元收购了 IBM 的 PC 部门！收购的业务为 IBM 全球的台式电脑和笔记本电脑相关业务，包括电脑的研发和采购。IBM 拥有一支具有丰富国际经营经验的管理团队，而联想有一支拼搏进取的中国本土管理团队，国际市场和中国国内市场互补并结合。同时，两支管理团队将会紧密合作，新的队伍将充满激情和斗志。联想将会有更丰富的产品组合、更多元的客户基础、遍布全球的分销网络，以及领先、高效的运营能力。[11]

这宗收购堪称太平洋两岸商务往来史上的一个里程碑，这也是中国大陆企业首次在美国进行价值十几亿美元的收购[12]，这一收购在当时引起了巨大的轰动。

收购交易完成之后，联想就走上了对 IBM PC 部门的整合之路，包括对业务、员工、文化的整合。其中最困难的是文化整合，联想和 IBM 都有各自成熟、但差异较大的企业文化，在这种情况下，双方的文化融合更加困难，因为这既是一次跨国收购，又是一家新兴的中国公司去收购一项成熟的美国业务。在整合过程中，联想集团碰到了很多问题，其中包括大客户丢单、员工流失、国外政府的采购政策具有歧视性等，导致整合过程中几次都差点失败[13]。

跨国并购中的文化整合

自 1995 年以来，全球掀起一股跨国并购浪潮。并购的交易额从 1997 年的 1 873.07 亿美元增加到 2014 年的 3 988.99 亿美元（见表 11.1），开展跨国业务已成为企业在全球配置资源的主要途径之一。

表 11.1　全球企业跨国并购交易额（1997—2014）

（单位：十亿美元）

年份	1997	2000	2002	2004	2006	2008	2010	2012	2014
跨国并购交易额	187.307	959.681	243.735	198.597	619.809	617.649	347.094	328.224	398.899

资料来源："World Investment Report 2015: Annex Tables," UNCTAD, July 24, 2015, accessed March 17, 2016, http://unctad.org/en/Pages/DIAE/World%20Investment%20Report/Annex-Tables.aspx。

中国企业的跨国并购始于 20 世纪 80 年代中期，90 年代进入了新的阶段。根据联合国贸易发展委员会议（United Nations Conference on Trade and

Development, UNCTAD)发布的世界投资报告,中国企业跨国并购的交易额从1997年的27.6亿美元增加到了2014年的524.15亿美元(见表11.2)。

表11.2 中国企业跨国并购交易额(1997—2014)

(单位:百万美元)

年份	1997	2000	2002	2004	2006	2008	2010	2012	2014
跨国并购交易额	2 760	37 875	15 889	5 108	9 520	17 475	6 758	9 524	52 415

资料来源:"World Investment Report," UNCTAD, 1988-2003, accessed March 17, 2016, http://unctad.org/en/Pages/DIAE/World%20Investment%20Report/World_Investment_Report.aspx。

十个典型的跨国并购案例代表了中国1995—2008年的并购活动(见表11.3)[14]。

表11.3 十个典型的中国跨国并购案例(1995—2008)

年份	跨国并购案例
1995—2008	利丰商贸集团的32起成功收购
1997—2007	万象集团的6起收购
2002	上海电气集团收购日本的Akiyama
2004	TCL收购汤姆逊的彩电业务
2004—2005	上汽集团收购双龙
2004—2005	联想收购IBM的PC部门
2005	明基收购西门子的手机业务
2005	北京第一机床厂收购德国的Freudenberg Group
2006	中国化工集团的3起收购
2008	中联重科收购意大利的CIFA

资料来源:何志毅,柯银斌,2010. 中国企业跨国并购10大案例[M]. 上海:上海交通大学出版社。

第 11 章　联想二度收购 IBM：文化整合能否复盘？

投身于跨国并购中的中国企业历经坎坷，几经沉浮，其中不少企业已折戟沉沙。在 TCL 收购汤姆逊彩电业务的过程中，因 TCL 缺乏详尽的整体规划和足够的跨文化整合能力，收购期间 TCL 的高管团队频繁换人[15]，进而影响了收购后的整合速度，也影响了新公司的发展。收购之前期望的协同效应并未显现，反而连续三年亏损。

在上汽集团收购双龙的过程中，上汽集团试图通过两轮整合与双龙实现双赢。然而，双龙工会的韩国员工认为，上汽集团唯一的目的就是通过收购获得韩国的汽车制造技术，而且裁员方案再度激起了双龙员工的罢工，最后双龙生产停滞，并申请了破产[16]。

明基对西门子手机业务的收购曾被视为优势互补、中西合璧，但一年之后，明基就决定不再投资德国手机子公司，并申请破产保护。其根本原因在于，明基的裁员、减薪和转厂策略引起了德国工会的强烈抗议，明基对德国工会实力和德国文化的忽视导致了整合失败[17]。

联想集团收购 IBM 的 PC 部门

1984 年，在一个几平方米的破旧小屋里，由中国科学院计算技术研究所和 11 位科学家共同投资 85 948 美元的联想正式成立了[18]。几年后，这家公司不断地加强自主电脑品牌的研发，并在信息技术市场上成为全球领导者。1994 年，联想集团在香港证券交易所上市。

1999 年，联想在中国和亚太地区占有最高的市场份额，分别为 27% 和 8.5%[19]。2000 年，联想进行大规模业务重组，从事业部结构变为子公司结构，联想电脑公司和联想神州数码有限公司应运而生。2003 年 4 月，联想将其英文标识从"Legend"更换为"Lenovo"，其中"Le"取自"Legend"，代表传奇;"novo"取自拉丁语"de novo",意味着重新开始,也表示联想的核心是创新精神。在国内,联想继续使用"英文+中文"的标识,在国外则使用英文标识[20]。

IBM 于 1911 年在美国创立,曾是全球最大的信息技术和业务服务商[21]。从 20 世纪 50 年代进入计算机领域后,IBM 一直主导着全球电脑市场,称霸于世界大型计算机产业及相关市场,主宰着国际信息时代的步伐。但是多年来,IBM 高管一直认为 PC 只是辅助型的业务,PC 业务的存在只是为了提升其他硬件、软件和服务的销量。

1984 年,虽然利润非常有限,IBM 的 PC 业务销售额仍高达 50 亿美元,占公司总销售额的 10%、美国市场的 21%。2001 年,IBM 的 PC 业务亏损额高达 3.97 亿美元,2002 年和 2003 年略有好转,分别亏损 1.71 亿美元和 2.58 亿美元,2004 年亏损 1.39 亿美元[22]。

2000 年,联想在中国 PC 市场的市场份额约为 30%[23]。2001 年,受全球经济下行的影响,尤其是全球 IT 产业衰退、互联网泡沫破灭,中国 IT 市场增长放缓,联想在 2003 年过得十分艰难的,因为 PC 业务的全球销售额在过去 3 年中下降了 24%。联想的业务区域主要集中在亚太地区,其中国内业务占了 95%,国际市场份额不足 5%,在欧美市场的份额几乎为零[24]。要想成为享誉国际的技术品牌,联想需要卓越的品牌、专业的技术团队和国际资源(包括国际化的商业渠道、领导团队等)。

2004 年,IBM 提出将其 PC 业务出售给联想。2004 年 12 月 8 日,在获得专业咨询公司的评估结果后,联想与 IBM 签署了收购合同。根据合同,联想收购了 IBM 的 PC 部门,包括其所有台式电脑、笔记本电脑和相关业务,以及客户、分销渠道、直销渠道、"Think"品牌和其他相关专利,还有日本和美国的两个研发中心。此次交易总价值为 12.5 亿美元,其中包括 6.5 亿美元现金和价值 6 亿美元的联想股票[25]。

第 11 章　联想二度收购 IBM：文化整合能否复盘？

联想的目标是创建一家既不是美国，也不是中国的公司，而是一家由中国人领导的国际公司。联想新管理团队的 13 名成员中有 6 名 IBM 前高级经理，分别担任新联想的首席执行官、首席运营官、首席营销官和产品开发负责人等职位[26]。收购完成之后，联想将成为全球第三大 PC 生产商，占 PC 市场 8% 的市场份额[27]。

整合 IBM 的 PC 部门文化

"联想之道"

2002 年联想高级管理人员培训班结束时，所有高级管理人员都制订了个人改进计划。他们中的许多人在培训结束前就已编写并提交了计划，唯独杨元庆一人缓慢而谨慎地制订了他的个人改进计划。接下来，杨元庆向所有参与者宣读了他的计划，计划共有四点，每一点都有明确的行为、对象和时间点。杨元庆强调，培训要以实效为导向，参与者不应只是走过场似的制订个人改进计划。他希望其他高管和他本人能相互监督。此外，每个人都要认真思考自己身上存在的问题，并检查自己的个人改进计划，使其能量化、易操作、可实现。许多管理人员在听到杨元庆的话后立即修改了他们的计划。

从交给杨元庆的原始计划表来看，27 份高级管理人员计划表中有 84 份个人改进计划，却只有 6 个满足要求。其他的个人改进计划要么用词含糊，要么没有提供详细的行为和时间表。在培训结束后的两周内，每位高级管理人员都仔细地修改了他们的个人改进计划，个人改进计划数量增加到了 93 个，其中 90% 都符合要求[28]。

杨元庆为联想所有的员工树立了一个榜样，向他们展示了"联想之道"。过去，如果员工没有达到设定的目标，他们会被要求自行辞职。联想的老员工们将"说到做到，尽心尽力"作为工作的座右铭，并非常重视勤奋、务实和谦虚等品质。

联想的文化也体现在员工工作场所的小细节中。公司总部的广播一天播放两次第六套广播体操，鼓励员工进行拉伸运动以保持身体健康。若员工开会迟到，他们需要在椅子后面罚站1分钟。每天早上8点，伴随着音乐响起，员工会在公司会议开始前歌唱联想的企业之歌，以提振士气。员工的时间受到严格安排和管理，例如，员工被要求按时上下班，无故离开公司将会被扣工资。

军事化的管理风格与联想创始人及董事长柳传志的军队经历相匹配，首席运营官刘军宣称："对于只熟悉联想传统运营方式的员工，国际化是非常新鲜的。"[29]

IBM 的"行为准则"

托马斯·沃森（Thomas Watson）在1914年创办IBM公司时制定过"行为准则"。正如每一位有野心的企业家一样，他希望他的公司财源滚滚，同时也希望通过公司反映出他个人的价值观。因此，他把价值观评判标准写下来作为公司的行为准则，任何为他工作的人都要明白公司追求的是什么。这三条行为准则是：必须尊重独立的个体，必须尽可能给予顾客最好的服务，必须追求优异的工作绩效[30]。

托马斯·沃森的儿子掌管该公司时推广了该行为准则。当小沃森在1965年成为IBM代理总裁后，他要求IBM的所有员工（从邮件员到总裁）都知悉这三条行为准则。

中国"龙"与美国"象"

尽管自收购结束到现在已过去快两个月的时间，两个公司的员工却还是各忙各的,平时在公司碰面也像陌生人似的。来自 IBM 公司的首席执行官史蒂芬·沃德(Stephen Word)也没有采取什么行动。

为了解决这个问题,联想召开了收购后的第一次高管会议,其中提出了许多问题:是否应该采取强制性的方式让 IBM PC 部门的员工适应联想的工作规则呢?还是应该让两个公司的员工各自独立工作?经过讨论,他们构想了一个平缓的整合计划——IBM 在整合之初保持以前的工作方式不变,以便公司能够平稳过渡,并且留住客户。

会议结束后,联想成立了一个专门负责业务转型的团队,这一团队将详细分析联想和 IBM 之间的文化差异,并提出了六字方针,即"坦诚、尊重、妥协"[31],呼吁大家以全新的心态迎接收购带来的文化挑战。后来,这一团队为调查文化差异和员工的真实感受做出了巨大努力。例如,对于非管理职位的员工,使用调查问卷来收集他们对收购的意见,问卷中的问题包括"您认为中国员工和美国员工之间存在哪些差异?""您觉得 IBM 怎么样?"

为了解两家公司在中高层管理方式上的文化差异,这一团队以开放式问题的形式与中高层管理人员进行了访谈,例如:"您认为联想和 IBM 之间存在哪些差异?""哪种管理方式更好?"[32]。经过一年的文化探索后,联想集团经历了收购后最大的人事变动。2005 年 12 月 21 日,联想宣布,戴尔原高级副总裁兼亚太地区及日本业务总裁威廉·阿梅里奥(Willian Amelio)接替沃德担任联想新 CEO[33]。收购之前,沃德曾担任 IBM PC 部门的高管,他担任联想 CEO 是收购的条件之一,但沃德不同意裁员和大规模整合,因此,董事会决定让阿梅里奥接替他进行整合工作。在阿梅里奥上任后,柳传志又召开了一次高层管理人员会议,会议中,"文化整合"被当作一个正式且重要的议题提了出来[34]。

阿梅里奥较推崇西方的企业文化和管理风格,在他的管理下,联想开始了大规模的文化整合进程。为了更好地与美国高层管理人员沟通,阿梅里奥增加了会议的频率,联想高层从未经历过夜间会议和电话会议,然而,在此期间,夜间的电话会议成为一种惯例。所有高级管理人员都需要调整自己的工作内容和工作习惯,以适应跨国企业的工作方式。此外,阿梅里奥要求所有高级管理人员将英语作为官方工作语言。随着一体化的推进,双方的高级管理人员逐渐熟悉了彼此的企业文化和工作价值观,然而,由于存在语言障碍和其他一些困难,联想的许多高级管理人员离开了公司[35]。

2007 年,联想成为全球 500 强企业之一,它在公司绩效和组织整合方面都取得了很大的进步。IBM 原 PC 部门的员工逐渐适应了联想的管理风格,虽然双方在许多方面达成了共识,但在某些情况下仍有许多冲突,他们无法与对方共情。柳传志在一次会议上提到,思想上的差异是两个公司最根本的差异,公司的下一个目标就是消除这些差异[36]。柳传志的建议犹如一个指向标,在未来的日子里引导高层管理者在文化交流中取得了巨大的成功。

"文化鸡尾酒"

高层管理人员之后的工作交流侧重于使两种文化相互融合,并为文化交流搭建良好的平台。负责该文化融合的李华青认为这些活动就像"文化鸡尾酒"(culture cocktail):

> 经过头脑风暴后,我们决定开展一项名为"文化鸡尾酒"的活动。我们都知道,鸡尾酒的魅力在于将各种葡萄酒混合在一起,以获得和谐、绚烂的色彩和迷人的香气。目前,联想面临着中美两国文化和思维方式的碰撞,这难道不正如一杯鸡尾酒,虽有很多层次,却依然五彩斑斓吗?[37]

第 11 章 联想二度收购 IBM：文化整合能否复盘？

2006 年 6 月 26 日，"文化鸡尾酒"活动正式启动，分为线上和线下两类活动。公司全体管理人员都可以通过内部网络访问"文化鸡尾酒"论坛，李华青偶尔会就具体问题推出高管访谈以及线下沙龙活动。"文化鸡尾酒"论坛主要讨论管理者在工作和生活中所存在的文化差异，通过分析具体案例探究出现差异的根本原因，提出解决方案以增进对对方文化的理解。沙龙每隔一周举行一次，通常在午餐时间举行，它为两家公司的管理者们创造了一个共同用餐和喝咖啡的机会，有时候还会采访一些参与者以收集他们对沙龙活动的看法。

"文化鸡尾酒"活动持续了一段时间后，管理人员几乎都意识到两种文化之间的差异[38]。IBM 的周志勤表示："我曾在网上发帖子，询问有关打卡和戴领带的事情，因为我在原来的公司习惯周一到周四戴领带，到联想后发现这样做很怪异。随后，我意识到在不同的办公区域和部门，大家戴领带的习惯是不一样的。"[39]

从 2007 年开始，双方高管也开始互派工作。联想派中国的高级经理和董事到美国工作，学习美国的管理风格和文化。许多美国的高级经理也被派到中国工作，了解中国当地的习俗、业务和商业文化。"文化鸡尾酒"和高管交流活动填补了联想和 IBM 员工之间的鸿沟，双方逐渐有机地整合在一起。

收购后的三年时间里，联想的销售额持续增加，除 2003/2004 财年销售利润率由 5.2% 降至 4.4%，每年的利润都在迅速增长，到 2007/2008 财年，联想的利润甚至大幅上升了 237%[40]。杨元庆表示，比起合并的第一年，联想的营业收入已实现了 5 倍增长，"这证明经过整合之后，联想已经回到以前的盈利轨道上来"[41]。2008 年 5 月，杨元庆还自信地告诉媒体，联想已经成功完成了与 IBM 的 PC 业务整合[42]。

然而，销售额的迅速增加、整合的初步成功，让联想过于乐观，忽视了收购整合中的其他问题。2008年下半年,全球金融危机爆发,联想国际业务受到重创。2008年11月,联想交出了自收购IBM的PC业务以来最差的一份财报,2008/2009财年第二季度,联想的利润只有2 330万美元,较上年同期下降78.1%[43]。

在联想教父柳传志看来,联想的优良作风和鲜明特点在整合过程中逐渐消失,整合的早期阶段与收购的初衷(建立一家中国人领导的国际化公司)是不一致的。2008年的金融危机使联想开始重新审视他们在整合初期的成功。

在2009年的一次会议上,柳传志在一万多名员工面前发表了演讲。他说,过去整合中存在的最大问题之一是效率低下[44]。美国文化强调的是"说",而联想的发展是建立在"做"的基础上,"做"就等同于更好的表现。虽然高级管理团队非常专业,其成员都是全球化运营方面的专家,但他们并没有关注公司的长远发展。联想的"主人文化"(host culture)意味着员工是公司的主人,这种文化和员工的组织承诺正在消失。柳传志认为,虽然整合的效果还不错,但应该把联想优质的文化重新带回来,联想文化与欧美文化并不是对立关系;相反,之前的联想文化应该被融入新的美国文化中去,应该增加对4P(Plan,计划清楚再承诺;Perform,承诺了就要兑现;Prioritize,公司利益至上;Practice,每日进步)的重视。

2009年1月,联想开始大规模裁员,裁员人数为2 500人左右(约占员工总数的10%)[45]。被解雇的员工不仅包括普通员工,还有一些高级管理人员,其中包括许多美国管理人员,CEO阿梅里奥也离开了,一些在之前整合中离职的联想员工又回来了。联想的执行委员会由4名中国管理人员和4名美国管理人员组成,他们的工作是共同制定战略[46]。员工们时常会把"说到做到,尽心尽力"挂在嘴边,并且在实际行动中践行这一理念。在讨论工作问题时,许多美国员工偶尔还会说出"复盘"这一词的中文拼音[47]。

柳传志发表演讲后，联想艰苦创业的精神又回来了，他们再次使用客观的绩效评价体系，并重新制定有关销售绩效的规则。此后，联想扭亏为盈。2013年7月11日，市场调研公司IDC和Gartner发布了2013年第二季度的行业数据，表明联想已经超越了惠普16.7%的全球市场份额，成为全球最大的PC供应商[48]。

二度收购

第一次收购让联想和IBM PC部门的员工都失去信心，联想花了10年的时间，证明中国企业跨国收购后的文化整合可以取得成功，这次成功也增强了联想员工的自信，跨国收购成为联想国际化的途径。

2014年1月23日，联想宣布以23亿美元收购IBMx86服务器业务。曾经主管IBMx86服务器业务的阿达里欧·桑切兹（Adalio Sanchez）也加入联想，成为其企业级业务的高级副总裁，继续主持x86服务器业务的发展[49]。消息一发布，联想的员工议论纷纷，有些人认为这次的情况跟上次完全不同，根据第一次收购的经验，大部分员工保持乐观态度；还有些人认为x86服务器在IBM是边缘业务，但在联想是核心业务，因此它可能成为联想的业务增长引擎[50]。

虽然此次收购的前景乐观，但整合中的问题仍不容小觑。面对内部和外部挑战，联想是否应该通过整合来提升市场份额？是否应该将过去10年的文化整合经验应用于IBMx86服务器的整合？还是应该尝试一种新的整合方式？

注释

1. PC+战略是指,联想基于PC技术和强大的整合能力,将业务拓展至智能手机、平板电脑、智能电视等领域。

2. 本案例中,若无特殊说明,均以美元为计价单位。截至1984年1月1日,1美元=2.327元人民币。

3. Dostor, "Where Is Lenovo's Confidence of Accomplishing Annual Turnover of 5 Billion Dollars in One Year After M&A From?," IT Expert, October 14, 2014, accessed March 17, 2016, http://Ctocio.com.cn/482/13106982.shtml.

4. Yongjie Sun, "Acquisition of IBM x86 Server: Lenovo Is Still Faced with Challenges," Baidu Baijia, October 3, 2014, accessed March 17, 2016, http://sunyongjie.baijia.baidu.com/article/31283.

5. Zefeng Xie, Haisong Liang, and Jie Meng, "Yuanqing Yang Redefined Lenovo," *Talents Magazine*, December 2014, accessed March 17, 2016, http://epub.cnki.net/kns/brief/default_result.aspx.

6. "后PC时代"这一概念由史蒂夫·乔布斯2010年提出。它指平板电脑、智能手机逐渐替代传统PC业务的时代现象。

7. Chuanzhi Liu, "The Success of Lenovo's Acquisition Lies in the Unanimous Corporate Culture," Tengxun Finance, October 23, 2012, accessed March 17, 2016, http://finance.Qq.com/a/20121023/005572.htm.

8. Chaohua Zhang, "Remarriage After 9 Years: Lenovo Acquired IBM x86 Server Business with 2.3 Billion Dollars," *China Securities Journal*, republished by Fenghuang Finance, January 24, 2014, accessed March 17, 2016, http://finance.ifeng.com/a/20140124/11543439_0.shtml.

9. Chenxi, "Misjudge of Acquisition: Lenovo Beard Two Integration Burden in the Sluggish Market," Tengxun Technology, November 14, 2015, accessed March 17, 2016, http://tech.qq.com/a/20151114/028146.htm.

10. "复盘"是国际象棋和围棋中的一个术语。即在游戏结束后,移动棋子,分析策略的利弊与得失。联想也习惯于在完成重大项目后"复盘"。在过去十年,联想共创建约 240 个"复盘"文件。

11. "News Conference Record of Lenovo's Declaration of Acquiring-IBM PC Business," Sina Technology, December 8, 2004, accessed March 17, 2016, http://ltech.Sina.Com.cn/it/2004-12-08/1423472629.shtm 1.

12. Zhong Chen, "Lenovo's Acquisition Touched American Nerve," Sohu IT, May 30, 2005, accessed March 17, 2016, http://it.sohu.com/20050530/n225754213.shtml.

13. Jiyong Hou, "Chuanzhi Liu: How to Form a Chinese Transnational Company,"! Teer. net, November 20, 2011, accessed March 17, 2016, http://www.iteer.net/modules/news/artic le.php? storyid=92106.

14. Zhiyi He, *Ten Cases of Chinese Companies' Cross-Border Merger and Acquisitions* (Shanghai, China: Shanghai Jiao Tong University Press, 2010), 1-232.

15. Pengcheng Feng and Man Ma, "Research on Cultural Integration of Companies' Overseas Merger and Acquisitions from TCL's Merger and Acquisition," *Foreign Investment in China* 5 (2010): 48-50.

16. Guiyuan Yuan, "Korean SsangYong Filed for Bankruptcy: SAIC Bought a Cross-Border M&A Lesson for ￥4 Billion," Netease Motor Channel, December 24, 2008, accessed March 17, 2016, http://auto.163.com/special/000816N3/sqsljf.html.

17. Lu Zhou, *Look at the Cultural Differences in Cross-Border Merger and Acquisitions from BenQ's Acquisition of Siemens Mobile Phone*, (Shanghai: Tongji University Press, 2008).

18. "Our History," Legend Holdings, accessed March 17, 2016, www.Legendholdings.com.cn/Pages/OurHistory.aspx.

19. "Lenovo Group," Baidu Baike, accessed March 17, 2016, http://baike.Baidu.com.

20. Ibid.

21. "IBM," Baidu Baike, accessed March 17, 2016, http://baike.baidu.com.

22. "Report Shows IBM PC Business Suffered a Heavy Loss," Xinhua.net, January 1, 2005, accessed March 17, 2016, http://news.xinhuanet.com/world/2005-01/01/content_2404552.htm.

23. "On-Site Interview Transcript," Sina Information, September 8, 2011, accessed March 17, 2016, http://vic.sina.com.cn/news/27/2011/0908/40110.html.

24. Luxiu Jia, "Lenovo Acquired IBM PC Business," Baidu Library, December 18, 2013, accessed March 17, 2016, http://wenku.Baidu.com.

25. Luxiu Jia, op, cit.

26. Xiaoping Zhang, *Retrospect Lenovo: Ten Years of Lenovo's Internationalization* (Beijing: China Machine Press, 2011), 1-296.

27. Ruibing Liang, "Case Analysis of Lenovo's Acquisition of IBM PCD," Baidu Library, May 31, 2011, accessed March 17, 2016, http://wenku.baidu.com.

28. Ming Liu, *Culture Made Legend: Research on Lenovo's Corporate Culture* (Beijing: CITIC Press, 2004), 1-155.

29. Greg N. Gregoriou and Karyn L. Neuhauser, *Company Mergers and Acquisitions: Logic and Trend* (Beijing: Peking University Press, 2009), 1-277.

30. Aiyan, "IBM: Code of Conduct Is the Base," *Entrepreneur Information* 5 (2007): 62-62, accessed March 17, 2016.

31. Xiaoping Zhang, op. cit.

32. Shujuan Wang, Huapeng Sun, Miao Cui, and Jingqin Su, "A Cultural Integration Path of Cross-border Mergers and Acquisitions in the Perspective of Acculturation: A Two-Case Study," *Nankai Business Review* 18, no. 4 (2015): 47-59, accessed March 17, 2016, www.cqvip.com/qk/81584x/201504/665935965.html.

33. Lenovo, "Lenovo Replaced Amelio for Ward as CEO," press release, ac-

cessed March 17, 2016, http://appserver.lenovo.com.cn/About/DetailPage. aspx? news_id=3038.

34. Xiaoping Zhang, op. cit.

35. Sanlian Lifeweek, "International Lenovo: Conflicts after M&A," Sina Finance, March 11, 2013, accessed March 17, 2016, http://finance.sina.com.cn/leadership/mroll/20130311/100214787881.shtml.

36. Wang, Sun, Cui, and Su, op. cit.

37. "Lenovo's Cocktail Cultural Integration," Sina, November 2, 2007, accessed March 17, 2016, http://tech.sina.com.cn/it/2007-11-02/14011829895.shtml.

38. Ibid.

39. Ibid.

40. Liang Liu and Nan Nan, "Seven Factors of Successful Cross-Border M&As," *China New Time* 3 (2009): 46-48, accessed March 17, 2016, http://xueshu.baidu.com.

41. Liang Liu, "Lenovo Merges IBM PC: Transformation is Continuing," *China New Time* 3 (2009): 30-32, accessed March 17, 2016, www.cnki.com.cn/Article/CJFDTotal-ZDWF200903015.htm.

42. Network Coordination Department, "Chinese Enterprises' Overseas Buying: Gain or Loss?," Industry and Commerce Association of China, July 24, 2010, accessed March 17, 2016, www.china-icac.com/NewsDetail.aspx? id=1072.

43. Liang Liu, op. cit.

44. Jie Wang and Bifang Wang, "Research on Cultural Integration after Cross-Border M&A: Take Lenovo's Acquisition of IBM PCD as an Example," *Science and Technology Management Research* 7 (2012): 231-234, accessed March 17, 2016, www.cqvip.com/qk/96013x/201207/41446918.html.

45. "Lenovo Regrouped and Laid Off 2,500 Employees," Netease Technology Report, January 8. 2009, accessed March 17, 2016, http://tech.163.com/

09/0108/07/4V4BCD2H000915BD.htm l.

46. "Chuanzhi Liu: Lenovo Way Is 'We Do What We Say,'" ICEO.com, January 12, 2011, accessed March 17, 2016, www.iceo.com.cn/renwu/46/2011/0112/207132.shtml.

47. Xiaoping Zhang, op. cit.

48. Jingfang Wei, "IDC and Gartner Both Confirmed That Lenovo Has Become Global No.1 PC Producer," ZOL.com, July 11, 2013, accessed March 17, 2016, http://news.Zol.Com.cn/385/3851704.html.

49. "Lenovo Is about to Finish Merging IBM x86 Server Business," *Sina Technology*, September 29, 2014, accessed March 17, 2016, http://tech.sina.com.cn/it/2014-09-29/13249658092.shtml.

50. Qiying Mao, "Acquisition! Acquisition! This is Lenovo's Internationalization Way," *Sahu IT*, October 29, 2014, accessed March 17, 2016, http://it.sohu.com/20141029/n40551161935.shtml.